中华先贤人物故事汇

王夫之

谭伟雄 著

中华书局

图书在版编目（CIP）数据

王夫之/谭伟雄著. —北京：中华书局，2020.11
（中华先贤人物故事汇）
ISBN 978-7-101-14758-2

Ⅰ.王…　Ⅱ.谭…　Ⅲ.王夫之（1619~1692）-生平事迹
Ⅳ.B249.2

中国版本图书馆 CIP 数据核字（2020）第 172939 号

书　　　名	王夫之
著　　　者	谭伟雄
丛 书 名	中华先贤人物故事汇
责任编辑	焦雅君　董邦冠
出版发行	中华书局
	（北京市丰台区太平桥西里 38 号　100073）
	http://www.zhbc.com.cn
	E-mail：zhbc@zhbc.com.cn
印　　　刷	北京瑞古冠中印刷厂
版　　　次	2020 年 11 月北京第 1 版
	2020 年 11 月北京第 1 次印刷
规　　　格	开本/787×1092 毫米　1/32
	印张 4　插页 2　字数 50 千字
印　　　数	1-6000 册
国际书号	ISBN 978-7-101-14758-2
定　　　价	20.00 元

出版说明

　　孔子周游列国，创立儒家学说；张骞出使西域，开辟丝绸之路；书圣王羲之，留下了曲水流觞的佳话；诗仙李白，写下了"举头望明月，低头思故乡"的名篇；王安石为纠正时弊，推行变法；李时珍广集博采，躬亲实践，编撰医药学名著《本草纲目》……

　　这些杰出的历史人物，有的是在中华民族文明进程中做出过突出贡献、对后世产生过巨大影响的思想家、政治家，有的是对中华优秀传统文化的传承传播发挥过重大作用的文学家、艺术家、科学家，有的是为国家安定统一、民族融合团结和中外文化交流做出过杰出贡献的军事家、外交家……他们为中华民族的繁荣发展做出了伟大的贡献，他们的行为事迹、风范品格为当世楷模，并垂范后世。

他们是中华民族的先贤人物。他们的思想、品德、事迹，是中华优秀传统文化的结晶。他们的故事，是对中华民族的禀赋、特点和气质最生动、最鲜活的阐释。他们的名字，在五千年中华文明史上最为光彩夺目。他们为五千年中华文明史书写了最为光辉灿烂的篇章。

为了解先贤，走近先贤，我们精心组织编写了这套《中华先贤人物故事汇》丛书。以详实可靠的史料为依据，以细腻动人的故事为载体，真实地呈现中华先贤人物的事迹、品格和精神风貌，彰显他们的贡献和功绩，以激发人们对国家民族的热爱，对中华文明、中华优秀传统文化的崇敬。

开卷有益，期待这套丛书成为你的良师益友。

目 录

导　读

　　王夫之，湖南衡阳人，出生于明神宗万历四十七年（1619），字而农，号薑（jiāng）斋，又号夕堂。王夫之晚年隐居湘西石船山，自署"船山老人"，被学者称为"船山先生"。康熙三十一年（1692）王夫之卒于湘西草堂。他与顾炎武、黄宗羲并称为明末清初三大儒。

　　王夫之出生的时候，明朝内有朝廷腐败，朋党相争，宦官专权；外有后金虎视辽东，伺机南征，再加上民众怨声载道，社会面临分崩离析的局面。

　　王夫之从小聪颖过人，四岁即跟随长兄王介之读书，他博闻强记，闻一知十。十四岁中秀才，十六岁随叔父王廷聘习诗读史，二十岁游学岳麓书院参加"行社"，二十一岁与友人组织"匡社"，二十四岁与长兄一同中举，三十岁与友人管嗣裘等举义抗清，失败后，投奔南明政权，成为行人司的行人（行人司是明代专掌传旨、册封等事的机构）。明朝灭亡后近四十年时间，王夫之始终怀揣复国之梦，屡遭清军追捕。于凄风苦雨中，王夫之不是避难深山，就是授学育人、著书立说。

王夫之对中国传统文化和历代政治得失有深入的研究，尤其是对儒家思想和明代统治者的成败得失，进行了全面、系统而又深刻的反思和论述。他痛斥禁欲论和薄欲论，主张"以理导欲"。他也反对专制主义，主张均天下、以人为本的思想。王夫之远承孔孟，近接张载，在前人的基础上屡有超越和创建，是中国朴素唯物主义哲学的集大成者。

王夫之一生著述浩瀚，因生前部分文稿分送给他人，逝世后又长期不被关注，仅散佚之作即多达二十余种。流传至今的著述中，经类有《春秋家说》《周易内传》《周易外传》《周易大象解》《尚书引义》等；史类有《读通鉴论》《宋论》《永历实录》等；子类有《张子正蒙注》《黄书》

《老子衍》《庄子解》《相宗络索》等；集类有《薑斋文集》《七十自定稿》《柳岸吟》等。凡七十余种，四百余卷，内容涉及历史、政治、经济、哲学、文学、天文、地理、训诂、考据等，洋洋洒洒五百余万言。

"六经责我开生面，七尺从天乞活埋"是王夫之一生的写照。作为明末清初的大儒，他的思想和爱国情怀、民族气节以及百折不回的文人风骨，深刻影响了曾国藩、左宗棠、谭嗣同、梁启超、孙中山、章太炎等人。

石船山下，王夫之以其历尽劫难，而又矢志不渝的孤单身影卓然屹立。其灼灼光华，必将辉映后世。

受业父兄

衡阳城南回雁峰下的王衙坪住着一户姓王的读书人家。这家主人叫王朝聘，字逸生，又字修侯，娶妻谭氏，膝下育有三子。王夫之年龄最小，生于明神宗万历四十七年（1619），字而农；长子王介之，长王夫之十二岁；次子王参之，则长王夫之十岁。王夫之从小聪慧过人，七岁就跟随长兄读完十三经。

王朝聘虽满腹经纶，却壮志难酬。他少时与其弟王廷聘师从伍定相，得周敦颐、二程正传，后又问道于邹泗山。到了明朝中期，王阳明的心学风行天下，并迅速实现了从程朱理学到陆王心学的转变，并依傍禅学以倡导良知。王朝聘始终视濂洛学说为正统，丝毫不为世风所动，故先后七次参加乡试皆名落孙山。

天启七年（1627），王朝聘去北雍游学。这一年陕西发生灾荒，澄城县令张斗耀不顾民众死活，不但不开仓放粮以赈济灾民，反而逼催赋税。在忍无可忍的情况下，平民王二率众暴动，冲进县衙杀死张斗耀，这一事件揭开了明末农民起义的序幕。天启八年（1628），陕西又遭大旱，饿殍（piǎo）遍野。王嘉胤（yìn）、高迎祥、张献忠等人先后率众起义。

王朝聘游学三年后，以其出众的才学本可任官，谁知吏部官员却公然向其索贿，结果遭到王朝聘的严词拒绝。他指着吏部官员怒斥道："若为了仕途而忍受赇（qiú）吏的无耻索要，是重辱先人。"并当面将委任状牒撕毁，拂袖而去。

崇祯四年（1631），起义军拥立高迎祥为盟主，横扫陕西、山西、河南、四川、安徽等地，明廷震动，不得不从辽东调回边防重兵前往镇压。此时，王夫之十二岁。

游学归来的王朝聘不再对自己的仕途抱有幻

想，安心在家以课子授徒为业。因武夷山为儒家学者传道讲学之地，王朝聘将自己的书室取名为"武夷"，世人皆称其为"武夷先生"。

王朝聘讲授六经经义的第一天，前来听讲的少年当中，王夫之年龄最小，与王夫之年龄相仿的还有三位学子。一位叫郭凤跹，字季林；另一位叫夏汝弼（bì），字叔直；还有一位叫管嗣裘，字冶仲。

王朝聘在正式开讲之前问道："谁知道'经义'二字当作何解？"

夏汝弼答道："《汉书·张禹传》有云：'而宣之来也，禹见之于便坐，讲论经义'，此处的'经义'当指经书的义理。"

王朝聘示意夏汝弼坐下，又问道："还有谁来解答？"

郭凤跹答道："西汉董仲舒作《春秋决狱》二百三十二事，引经决疑。另《魏书·世祖纪下》有云：'诏诸有疑狱皆付中书，以经义量决'。故学生以为，经义是以经书中的思想作为判决案件的依据。"

王夫之仰着脖子答道:"经义的实质当指经书的义理。明经义者,方可论之以理、决之以疑、取之以士。"

管嗣裘答道："《宋史·选举志一》有云：'神宗始罢诸科，而分经义、诗赋以取士'，此经义当指科举考试科目。"

此时的王夫之歪着头，这边看看，那边看看，似乎有点心不在焉，而这一切全被王朝聘看在眼里。

"而农，你也来说说。"王朝聘突然对王夫之说。他以为王夫之在课堂上并没有用心，故意问他。

王夫之听到父亲在叫自己，马上从恍惚中回过神来。众学子见他慌忙中站起来的样子有几分滑稽，都忍不住笑出声来。

王夫之仰着脖子答道："经义的实质当指经书的义理。明经义者，方可论之以理、决之以疑、取之以士。"

王朝聘也万万没想到王夫之的回答会如此全面，一句话就将前面三个人所说的作了综合性概括，而且滴水不漏。王朝聘强压内心的喜悦，只是点了点头，然后翻开讲桌上的《左传》，开始讲解。

三年来，王夫之除了偶尔和好友郭凤跹、管嗣裘、夏汝弼等出去玩闹之外，大部分时间都在努力学习父亲所讲的经义，甚是用功。

白天，王夫之将讲堂上所讲的经义记录下来，到了晚上又温习一遍。在温习的过程当中，他往往会有自己的新发现，他从学习中找到了乐趣。

某日，王朝聘外出探友回来，见王夫之房间里亮着灯，就推门走了进来。王夫之一抬头见是父亲，既紧张，又兴奋。

书桌上油灯如豆，发出细微的吱吱声。

王朝聘一眼看到王夫之抄的笔记。他随手翻了翻，没想到王夫之记录得极为详细，待翻到每一讲的最后时，所写内容虽然与经义相关，却并非自己所讲。王朝聘不由得一怔，问道："这些可都是你自己的心得？"

王夫之点头道："正是孩儿所思所想。"

王朝聘用手拨了拨油灯的灯芯，屋内立时亮了许多。他拿起王夫之的笔记，认真看起来。看着看着，他忍不住轻轻地念出声来："天子不能有王者之德，而王者之道存，则天下犹足以王……"王朝聘顿了一下，翻了几页，又接着念道："自强者无倚。能倚者，去自强不远矣……"令王朝聘感到震惊的是自己精研《春秋》数十载才略有心得，可王夫之还只是个十三岁的少年，却有如此见地和气象，他又怎能不激动呢。

"孩儿对父亲讲的经义颇有兴趣，便多下了点功夫，偶有所得罢了。"王夫之说。

"学无止境，我儿当切记。"王朝聘放下笔记，又说了一句，"明年的童子试，我儿可参加应试。"

虽然没有受到表扬，但父亲临出门时说的那句话在王夫之看来已是莫大的肯定。这说明在父亲心里，他已经是一个真正意义上的读书人了。

酌酒劝诫

　　崇祯六年（1633），王夫之考取生员（秀才）后，湖广提学佥事王志坚推荐他入学衡阳州学。与王夫之一同入州学的还有他的同窗好友郭凤跹、管嗣裘、夏汝弼等。

　　母亲谭氏给王夫之准备好了去州学所需的物品。王朝聘一再叮嘱道："我儿进了州学，离乡试就不远了，在学业上可不能荒废。"王夫之边听，边点头。谭氏不满王朝聘的唠叨，嗔怪道："你呀，年纪一大，话也多了，我儿几时荒废过学业？"王介之将谭氏递过来的包袱挎到肩上："二老放心吧，小弟定会好好完成学业的。"王朝聘对王介之道："你是上过州学的，要多照顾小弟。"王介之道："爹，知道了。"

王介之将王夫之送到州学。

衡阳州学就在州衙旁边，有孔庙、讲堂、储藏室、藏书阁和刻书库等。王介之带着王夫之参观了州学。

安顿好王夫之之后，王介之当即返回。长兄一走，王夫之就将好友召集到了一起。

有一天，王夫之和三位好友特意找到州学负责学业的曹学谕（yù），以躬行实践为由向他请假。没想到这个曹学谕向来就不喜欢只知道读书的书呆子，听了王夫之的想法后欣然同意。曹学谕允许他们每天上午到州学报个到，其他时间可自行支配。

自那以后，王夫之差不多每天都会跟好友出去玩。但他们的考试成绩又都名列前茅。富家子弟包世美很不服气，他将王夫之等人的行踪和惹下的事端暗地里告诉曹学谕，可曹学谕每次听了都不以为然，这让包世美更加失落。

有一次，王夫之、管嗣裘、郭凤跹一走出州学，包世美就悄悄地跟在后面。

三个人在经过一个鱼摊时，一个上了年纪的大娘正在和一个卖鱼的中年男子争吵。中年男子头发蓬乱，胡子拉碴。

两人争吵的原因很简单，大娘买了中年男子的几条鱼，付了钱之后才发现有一条鱼已经发臭，就想退掉。中年男子不但不退钱，还说大娘想讹诈他。

王夫之等人本来是想经过菜市场去城外玩的。见到这种情形，王夫之不由自主地站住了。他先是嗅了嗅大娘竹篮里的鱼，又嗅了嗅中年男子没有卖完的鱼，还用手一边扒拉，一边仔细察看。

王夫之随手抓起一条鱼晃了晃道："明明是你将发臭的鱼掺在新鲜的鱼中拿出来卖，闻一闻就知道了。"

中年男子生气地说："就凭你们几个小兔崽子也敢到这里打抱不平？"

大娘对中年男子道："你别为难这些孩子，鱼我不退了。"

大娘提起篮子正准备走，结果被王夫之拦住了："大娘，是他存心在算计您，我一定帮你讨回公道。"

王夫之大声喊道："诸位都过来评评理，这个人将发臭的鱼卖给这位大娘，他不但不退钱，还动手打人，这世上还有王法吗？"

周围的人像是没有听到王夫之的叫喊，居然无人过来。王夫之只听到一个老头的声音："大明都快要变天了，哪还有什么王法。"

中年男子听老头这么一说更加嚣张："听到了吧，连这老头都知道大明快要变天了。在这里，老子就是王法！"

王夫之原本打算迫使中年男子在众怒面前就范，却没想到会是这样一种结果。由此看来，这中年男子在菜市场横行霸道已不是一天两天了。

"我们还是走吧。"管嗣裘提醒王夫之。

"想走？没那么容易。"中年男子警觉地看了管嗣裘一眼。

"你到底想怎样？"管嗣裘瞪大了眼睛。

"赔钱。今天要是没有一千文铜钱，谁也别想跑。"

一千文铜钱相当于一两白银。王夫之等人身上连一文钱也没有。

"我们要是不给呢？"王夫之问道。

"谅你们身上也没钱，没钱你们也敢替人出头，那就把人留下，让你们的家人拿钱来赎。"中年男子一把逮住王夫之，并找到一根绳子，准备将他捆起来。

"住手！"紧急关头，包世美出现在中年男子跟前，"不就是一千文钱吗？我给"。

包世美边说，边从钱袋里摸出一两白银。

中年男子看到包世美鼓胀的钱袋，眼睛一转，突然改口道："老子刚才说的是每人一千文，这里是三个人，一共三千文。"

"无耻！"管嗣裘骂道。

包世美只好再掏出二两白银，中年男子这才把手松开。

两天后，王夫之打听到了中年男子的详细情况。中年男子姓萧，是个外地来的逃兵，逃到衡阳后以打鱼为生，每天打的鱼都拿到菜市场卖，没卖完的就掺在第二天打的鱼里一块卖。此人脾气暴躁又凶狠，凡是在他这里吃过亏的人都只能忍气吞声。王夫之悄悄跟着中年男子到了江边，记住了他的渔船的停放位置。再趁中年男子去卖鱼的时候，解开了渔船的缆绳，那渔船就顺着江水飘走了。

"解得好，对付这种人就应该这样！"郭凤跹拍手称快。"万一那人丢了吃饭的家伙找上门来怎么办？"管嗣裘不免有些担忧。"我在解绳子的时候，没有一个人看到，他没有证据，找过来我也不怕。"王夫之胸有成竹。

"你就不怕我去揭发你。"王介之推开门突然出现在众人面前。

"大哥，你怎么来啦？"王夫之吓了一跳，才想起这天是长兄来州学探视的日子。

"大哥要是还不过来看看，只怕你会把天捅出个窟窿来。"王介之道。"大哥，事情不是你想的那样……"王夫之刚想分辩，就被王介之打断了。

"我……"王夫之一时语塞。

"现在就跟我回家，有话你跟爹去说。"王介之道。

长这么大，王夫之还是第一次见长兄的神情这么严肃。

本以为父亲会狠狠责罚他，结果不但没有斥

责，反而若无其事地把家人都叫到一起。母亲谭氏则忙个不停，刚泡好茶水，又端出温好的米酒。

王朝聘亲手给王夫之把酒斟上："我儿尝尝，这是你母亲今年酿得最好的米酒。以前你年纪小，没让你喝，如今我儿已长大，可以喝了。"

王夫之还没开始喝，就感觉到脸有点发烫。他低声道："爹爹，孩儿知错，请爹爹责罚。"

王朝聘笑道："为父在你这个年纪也一样贪玩。我儿熟读十三经，为父自不必多言。"

王夫之面有愧色道："是我有负于爹爹和兄长。"

这时，王廷聘走过来笑道："士季曾言'过而能改，善莫大焉'，侄儿尚且年幼，一切都为时未晚。"

王朝聘接着道："孔子听闻季文子三思而后行，我儿若能如孔子所言，想必以后行事会更为稳妥。"

王廷聘又道："继后金军攻破旅顺之后，农民军也已攻入四川，大明现在是腹背受敌，局势危机啊。"

王朝聘也叹道："《左传·昭公二十四年》有

王朝聘笑道："为父在你这个年纪也一样贪玩。我儿熟读十三经，为父自不必多言。"

云：'嫠（lí）不恤其纬，而忧宗周之陨'，我儿自当省之。"

王夫之明白父亲说这句话的意思。连寡妇都不怕纬纱少织不成布，而只怕亡国，更何况是堂堂七尺男儿。如今国难当头，可他却只知道贪玩，心里顿感羞愧不已。

到了晚上，王夫之一边听着窗外的风声，一边想着父亲和叔父的教导，除了羞愧之外，他的心里又多了一份责任，这份责任关乎国家兴亡和民族大义。

习诗读史

转眼几年过去。十六岁的王夫之决定跟着叔父王廷聘习诗读史。王廷聘字蔚仲，号牧石，精通文史，尤以诗歌见长。当王夫之说出自己的想法后，王廷聘欣然答应。王廷聘给王夫之详细讲解了道家经典《庄子》，令王夫之受益匪浅。王廷聘还将自己史学和诗学笔记全部找出来，让王夫之在讲解的基础上参照笔记再自行研读。

一天，王夫之主动问叔父："时下公安派、竟陵派大行其道，叔父的诗风却有建安风骨，为何？"

王廷聘答道："公安派袁氏兄弟的性灵之说虽不拘一格，却多囿于闲情逸致，气象全无；钟、谭的竟陵派专事雕琢，一味求新求奇，多有幽深孤峭之风。二者皆非叔父所好。侄儿所说的建安风骨，无论是曹氏父子还是建安七子，其诗文皆感时愤世，风骨遒劲，意境宏大而又高亢悲凉，与叔父志趣相投，气韵互通。"

王夫之若有所思道："如此说来，习诗之人当有自我。若因某个派别的时兴而盲目追随，必趋于同一，自我则难以彰显。

"正如贤侄所言。"

王夫之进步神速。他一改竟陵派的华丽和妩媚之气，转向忠实于自我，表达真实的内心。其诗直追汉唐，情绪饱满，个性凛然，又以气魄恢宏见长。

崇祯九年（1636），高迎祥战死后，其部将李自成自立为"闯王"，率部转战于川陕。张献忠则驻扎于湖北。王夫之和两位兄长再度赴武昌参加乡试，结果又一次落榜。

之后，兄弟三人去了黄鹄矶（今武汉市蛇山西北）的黄鹤楼，但无心欣赏黄鹤楼的美景。王夫之在归来的途中作了一首《荡妇高楼月》，以表达内心的惆怅。回到衡阳后，王夫之又写了一首《黄鹄矶》：

汉阳云树色，倒影入江流。

海气东风合，秦云晚照收。

仙踪疑贲吕，霸气想孙刘。

我欲骑鲸去，无心问蒯（kuǎi）缑（gōu）。

　　王廷聘读到这首《黄鹄矶》后，知道王夫之心里难受，特意邀他出去散心。

　　叔侄二人沿着山道边走边聊。

　　王廷聘道："子曰：'《诗》可以兴，可以观，可以群，可以怨'，贤侄是如何看待这'兴、观、群、怨'的？"

　　王夫之答道："侄儿以为，'兴、观、群、怨'实为一体，比方说《关雎》一诗，作者的本意是'兴'，读诗之人却能从中了解到当时的社会风俗，也就是'观'。又比方说'讦（xū）谟（mó）定命，远猷（yóu）辰告'这句诗，本意为'观'，东晋名士谢安读后，却产生了'兴'的效果。"

　　王廷聘道："贤侄说得有理，人的学识、心理、处境、情感各异，故对同一首诗的感受亦各有不同。贤侄认为什么样的诗才是好诗呢？"

王夫之答道："侄儿认为，好诗当陶冶性情，别有风旨，于'兴、观、群、怨'中，达中正平和之境。"

王廷聘听了频频点头，然后指着回雁峰问道："贤侄可知这回雁峰的由来？"

王夫之望了一眼近在咫尺的回雁峰，脱口答道："唐代诗人王勃在《滕王阁序》中有'雁阵惊寒，声断衡阳之浦'。杜甫诗中也有'万里衡阳雁，今年又北归'之句。据说北来的大雁至此峰便不再往南飞，只等来年春天再飞回北方，故有此名。"

王廷聘道："大雁尚知来处与去处，虽相隔万里之遥，也知当迁则迁，当止则止，何况人呢。"

"叔父的意思侄儿明白。侄儿习诗读史，也当知诗有渊源，史有成因。生而为人，更应当心有定性，知来去，懂进退。"王夫之接着说道："小侄年少轻狂，多亏有爹爹、叔父还有兄长的教导，才不至于耽搁学业。"

王廷聘听王夫之这样一说，甚感欣慰。他突然想起自己在王夫之这个年龄的孟浪之举，于是笑道："你祖父在世的时候，比你父亲可要严厉多了。有一次，我偷偷地将一朵花簪（zān）于冠上，结果正巧被你祖父看见，他骂我有辱家风，当即拿起笤帚就追着我打。"

王廷聘模仿祖父的样子，逗得王夫之哈哈大笑。

"唐宋时期，男子在冠上簪花极为平常，就连朝廷也常给大臣赐花，我有此举也未尝不可。"王廷聘说。

王夫之问道，"祖父为何这般不容？""你曾祖父在世时，我们王家相当殷实，因你祖父年轻时嗜酒如命，又挥霍无度，以致家徒四壁。及至晚年，你祖父才幡然醒悟，故立有家训：子弟终生纯朴，不有华靡之饰。"说完，王廷聘叹了一口气。

两人爬上一道斜坡后，王廷聘问道："贤侄近日苦读，可有所获？"

王夫之答道："侄儿找到了自己的知音，就如同建安七子之于叔父。"

王廷聘道："是谁？"

王夫之道："北宋的张载。"

王廷聘不解："张载年轻时听从范仲淹的劝告，苦读《中庸》。他觉得《中庸》无法解决自己的

得到叔父肯定的王夫之又道："张载的主张亦深
得侄儿之心。"

所有疑惑，又遍读佛学、道家之书。当他觉得读佛、道之书不足以实现其抱负时，又回归儒家学说。张载苦读十余载，终于打通儒、佛、道，从而建立了关学。侄儿为何对张载感兴趣？"

王夫之道："张载之学以《易》为宗，认为气是人和自然产生的始基，包含了阴阳二气的对立依存，并在交互运动中产生人和自然。侄儿深以为然。"

王廷聘道："愿闻其详。"

王夫之道："侄儿以为，阴阳合二为一，一气运化滋生万物，天、理、心、性皆因气而存，故人本无心，因物为心。人作为主体，其意识来自客观自然。形神物一体，方产生知觉。人能从主体上认识自然，并通过客观之理来改造自然。"

"妙！"王廷聘听了很激动："贤侄所论，张载以来闻所未闻。"

王夫之又说道："另外，张载提出的'为天地立心，为生民立命，为往圣继绝学，为万世开太平'，亦深得侄儿之心。"

王廷聘抚须点头："嗯，我总算是明白了，贤侄才华超群又志存高远，我自叹不如啊。"

王夫之道:"全仗叔父教导有方。"

叔侄俩说着说着,说到当时的形势,语调又变得异常沉重起来。

"不久前,皇太极称帝,改国号为'大清',京畿(jī)一旦被清兵攻陷,我大明将不复存矣。"王廷聘忧心忡忡道,"以侄儿之才学,日后本可为国之栋梁,只可惜生不逢时啊。"

王夫之道:"国运尚且如此,个人的命运又岂能完全由自己掌控。"

话音刚落,一声清越而又悲怆的鸣叫声传来。王夫之抬起头,一只大雁正好飞过头顶,不禁脱口叫道:"叔父快看,大雁。"

王廷聘也抬了一下头,他眨了眨眼睛道:"看见了,是一只孤雁。"

天空那么高远,王夫之感觉自己也像是一只孤雁,却不知道要飞向何处。他只知道路途漫漫,自己的前途却如此渺茫。

王廷聘叹道:"过不了多久,大雁又要北飞了。"

崎岖的山道上,叔侄两人一时无话,只有脚下的碎石发出窸窸窣窣的声响。

交友结社

1

  十九岁这年，王夫之娶衡阳首富陶万梧之女为妻。陶氏不嫌王家贫苦，与王夫之相濡以沫，两人恩爱有加。崇祯十一年（1638），二十岁的王夫之游学岳麓书院。没过多久，他就明显感觉到这里的学术氛围大不一样。诸生思想独立，言辞犀利，常常结社辩论，远非之前的州学可比。

  这天，一位叫邝（kuàng）鹏升的学子兴冲冲跑来对王夫之说："我等组建了一个叫'行社'的社团，而农有没有兴趣参加？"

  见王夫之有些犹豫，邝鹏升详细介绍了"行

社"的社团宗旨。王夫之了解到这个社团刚成立不久，参与之人都是同窗，秉持着"以论文为要，躬行实践为辅，以谋求治国利民之道"的理念。这和王夫之之前与曹学谕所说的"躬行实践"的想法不谋而合，便爽快地答应了。

"走，我带你去一个地方。"邝鹏升很高兴。

王夫之跟着邝鹏升走出书院。此时的岳麓山正是枫叶红透的季节，那一抹抹绯红缀于万绿丛中，如燃烧的烈火，在微风中颤动。

两人来到岳麓山山脚处的一间民房。刚到门口，就听见里面有人大声说道："程朱理学以格物为宗，陆王心学以致知为宗，不知尔等如何看待？"

"本人以为，格物直达天理，指的是具体的学问。致知是从具体的学问中寻找规律，指的是思想。两者无非是思路不同而已。"马上有人答道。

"我赞同刚才这位仁兄所说，两者各有侧重……"

正当里面的人争相发表看法时。邝鹏升和王夫之走了进来，他们发现里面已聚集了二十多位学子。屋子里的光线有点昏暗，一道白光照进屋内，众人突然安静下来。

邝鹏升招了招手，向众人介绍道："这位是王而农，是我们行社的新成员。"

"他父亲是武夷先生，叔父王廷聘，兄长王介之、王参之，皆为饱学之士。他更是了得，十四岁中生员，若是论学问，只怕诸位都不及他。"一个熟悉的声音突然从人群中响起。

"郭凤跕！"王夫之脱口而出，"你怎么也在这里？"

郭凤跕笑道："我也是刚刚加入进来。还有夏汝弼和管嗣裘，他们俩也在。"郭凤跕边说，边用手指了指后面。

"没想到你们都在。"王夫之一下觉得自在了许多。

众人皆知道武夷先生的大名，对武夷先生的儿子自然也是另眼相看，但也有听了郭凤跕的介绍对王夫之不以为然的。

有人突然站出来道："老子学问好，不见得儿子的学问也好。"

有人附和："这位兄台说得在理。刚才我等的言论想必你也听到了，何不说说兄台的高见？"

王夫之说道："格物的功用主要体现在以学问为主，思辨辅之，所思所辨皆其所学。致知之功用则在于心，以思辨为主，学问辅之，所学是为了解决思辨中的疑惑。'致知在格物，物格而后知至'说的是找到事物的普遍规律，不仅仅是埋首于学问，而不去进行创造性思维。故我以为格物和致知两者相济、互为补充方是正途。"

有人问道："两者相济、互为补充又能如何？"

王夫之不慌不忙地答道："只要通过不断求索，就会得到提升。'行可兼知，而知不可兼行'，我以为，当务之急，我等当知行并进，切莫坐而论道，空谈虚妄。"

"说得好！"站在他身后的邝鹏升和郭凤跹带头鼓掌叫好，其他人听了也都心悦诚服。

王夫之的这一番话对陆王心学主张的"知不先，行不后"和程朱理学的"知先行后"之说都进行了批判，道出了自己的洞见，也提醒众人不要忘了组建"行社"的初衷。

2

初秋时节，正是武昌一年中最热闹的时候。街头随处可见本地和外地前来应试的考生。

这是王夫之三兄弟第二次参加乡试，王夫之觉得自己考得不太理想，心情有点郁闷，便一个人来到客栈附近的一家酒楼。他听见邻桌有人在谈论经学义理。他发觉这两人的见解非同一般，便起身走过去施礼道："衡阳王夫之，字而农，见过两位兄台。"

年龄稍长的那个人站起来回礼道："在下熊霈，字渭公，黄冈人。"

另一位也赶紧站起来道："在下李以笃，字云田，汉阳人。"

李云田笑道："而农可是来参加乡试？"

王夫之道："正是。刚才听到两位兄台谈到邵雍的《皇极经世书》，小弟曾跟随叔父学史，此书亦研读过，正好向两位讨教。"

李云田笑道："熊兄嗜古学，通易理，尤喜《皇极经世书》，没想到而农也感兴趣。"

熊渭公道："我喜欢《皇极经世书》，只因此书以易理和易教来研究宇宙起源、自然演化和社会变迁，乃物理之学也。"

王夫之道："邵雍以天道论人道，以圣人之心、神明之性为本，以先天象数为心法，将儒、道两家贯通于易理。其《观易吟》有'天人焉有两般义，道不虚行只在人'之句，我印象尤为深刻。故我以为，道必以人为依，不以人为依，人又如何用之？圣人是依据人类的社会生活总结出法则，而不是依据天意。故而，依人建极才真正'合乎道'。"

熊渭公闻言一惊，大声道："《尚书·洪范》曰：'建用皇极。'王通《中说》则云：'仰以观天文，俯以察地理，中以建人极。'千百年来，皇权至上已是共识，今听而农所言'依人建极'，令人耳目一新，实在是佩服！"

一旁的李云田也大感意外。他没想到王夫之年纪轻轻，却有如此洞见。他最近在研读二程和朱熹之书，便问道："二程有云：'人心私欲，故危殆。道心天理，故精微。灭私欲则天理明矣。'朱熹亦云：'学者须是革尽人欲，复尽天理，方始为学。'

不知而农如何看待这天理和人欲？"

王夫之想了想道："不瞒二位兄长，我痛恨的正是这'存天理，灭人欲'之论。"

李云田问道："此话怎讲？"

王夫之道："天理无非人情。我以为，合乎天下人愿望之理才可称之为天理，而不是'绝己之意欲以徇天下'。道学家给人的印象是无情，不体恤民间疾苦。对普通民众而言，尤其是孤苦无依的鳏（guān）寡独居者，满足他们的物质和情感需求是更重要的。"

李云田道："而农此言意在反对禁欲。世人皆以薄欲者为君子，而农又如何看待？"

王夫之道："薄欲者未必都是君子。在追求美色美味时，当慎为之，只有尽到了对天下人的义务，才可获取与自身贡献相匹配的利益。"接着，王夫之又道："宋儒又何尝灭得了人欲，无非是以天理之名来掩盖其私欲而已。故我以为，以理导欲，将义礼贯穿于人欲之中，方为正途。"

李云田听了王夫之所言，深为叹服。一旁的熊渭公也听得入神，边听，边频频点头。

三人一见如故，聊得甚是投机。当聊到时下的文风时，三人都对竟陵派与复古派颇为不满。

"既然如此，我等何不创立一种新的文体？"李云田道。

"这固然好，只是不知李兄所说的新文体是什么样的？"王夫之问。

李云田想了想："其一，新文体当不用时下圆熟之语；其二，不生入古人字句；其三，取精炼液，以静光达微言。"

"云田兄所言甚合我心。"王夫之道。

正聊着，进来一中年男子，熊渭公赶紧向王夫之介绍道："这位是李占解，字雨苍，嘉鱼人。"

王夫之见李占解年纪比较大，赶紧向他敬酒。四个人相谈甚欢。

待王夫之告别三人，醉意阑珊地回到客店时，已是深夜。

3

十月，回到衡阳的王夫之与同乡文之勇、管嗣衮、郭凤跅、夏汝弼等人又共同组建了"匡社"。与之前在岳麓书院的"行社"有所不同，"匡社"以匡扶社稷为己任，旨在救国救民。

加入匡社没过多久，王介之收到考中副榜的消息。

王介之要赴京师国子监。临行前，王夫之特意写了一首《送伯兄赴北雍》为其送行，希望长兄进京后能向朝廷进言。他在诗中写道：

> 北过河济郊，白骨纷战垒。
> 连岁飞阜螽（zhōng），及春生蝝（yuán）子。
> 盈廷腾谣诼（zhuó），剜肉补疮痏（wěi）。
> 痛哭倘上闻，犹足愧诺唯。"

王夫之将自己的所见所闻都写在诗里，想以此引起朝廷的重视。但事与愿违，王介之进京后的进言不但没有引起重视，反而被朝中的官员斥责为"危言耸听"。

次年，湖广提学金事高世泰将王夫之的文章列为一等，并在其文章上写下"忠肝义胆，情见乎词"的评语。

崇祯十四年（1641），高世泰又在科试中，将王夫之的文章仍列为一等。高世泰将王夫之的文章推荐给刑部郎中蔡凤，他读后将王夫之的文章列为特等，还托人传话给王夫之，希望在武昌与他相见。

这年四月，王夫之参加第三次乡试。他一到武昌就去蔡凤府上拜见，快走到门口时正好遇见熊渭公从府里出来。熊渭公是来请蔡凤参加"须盟大会"的，不巧的是，蔡凤因公事外出未归。

"而农来得正好，明日跟我一起参加黄鹤楼的'须盟大会'如何？"熊渭公问道。

王夫之欣然答应。

次日，艳阳高照，黄鹤楼前人来人往，上百名士子云集于此。熊渭公向王夫之一一介绍："蒙正发，字圣功，崇阳人；王源曾，字又沂，黄冈人；奚鼎铉，字中雪，黄冈人；李芳先，字广生，江陵人；张同敞，字别山，江陵人……"

众人在楼上落座后，熊渭公先作四言诗启幕，要求与会人等各自拈韵赋诗一首，一时应者踊跃。

王夫之当场赋诗一首《黄鹤须盟大会用熊渭公韵》：

古人已往，不自我先。

中原多故，含意莫宣。

酒气撩云，江光际天。

阳鸟南征，连翼翩翩。

天人有策，谁进席前。

此诗一出，举座皆惊。众人认为王夫之这首诗不仅表达了对当下时局的深切忧虑，亦有登高一呼的豪情。可又有谁能呼应他呢？谁又是那力挽狂澜的天人呢？

乡试过后，王夫之又在武昌盘桓了数日。他整天与熊渭公、李云田、奚鼎铉、李占解、蒙正发等人诗酒唱和，他与这些朋友结下了深厚的友谊。

由于久等蔡凤未归，王夫之和王参之只好先回衡阳。

初冬，水路迢迢，落木萧萧。回想起在武昌的时光，王夫之在船上写下《舟发武昌留怀熊渭公李云田王又沂朱静源熊南吉》：

武昌官柳旧森森，汉北青峰落日衔。

风起一江千叠水，云低两岸半收帆。

难忘清赏皆成恨，欲敛归心未易缄。

渺渺湖光千里白，漫随南雁望霜函。

4

崇祯十五年（1642），王夫之参加了第四次乡试。这一次，王参之因病未能同去，王夫之以《春秋》第一名列湖广乡试第五，王介之考中举人。同时中举的还有同乡郭凤跹、管嗣裘、李相国、邹统鲁、包世美。

"而农，请留步。"分考官章旷突然喊了一声。

听到喊声，刚走出门口的王夫之让长兄先回客栈。他见章旷和蔡道宪面色凝重，似有话要对他说，便上前问道："不知两位考官大人有何赐教？"

章旷道："不知而农有何打算？"

王夫之想了想，回道："学生尚无打算。"

王夫之原本想步入仕途后会有一番作为的，一想到当下的时局，他心里顿时没底了。

蔡道宪轻叹一声："不瞒两农，如今清人屡犯边关，叛军又越剿越盛，朝中贵戚却仍在覆巢之下争权夺势，令人忧心啊。"

章旷更是毫不讳言道："只怕大明离亡国之期不远矣。若想救国家于危难，还有赖各方英才以社稷为重，以众生为念，奋起而抗争。"

王夫之难得听到有当朝官员能亲口跟他说这样一番话，感慨道："学生定当牢记两位大人的教诲。他日若有用得着学生的地方，但凭差遣。"

章旷上前拍了拍王夫之的肩膀："今日一别，山高路远，善自珍重。"

蔡道宪也道："后会有期。"

王夫之躬身一拜："学生就此别过，两位老师多多保重。"

5

逗留武昌期间，王夫之还认识了一个叫刘自煜的诗友。此人字杜三，攸县人，丙子举人，能诗能画。

王夫之在读了刘自煜的诗后，认为他的诗虽然受竟陵派影响，但又不拘泥于竟陵派的写法，诗中往往有深秀之句。刘自煜在未见王夫之之前早闻其名，两人均有相见恨晚之意。

　　离开武昌的前夜，王夫之和前来送行的诗友们开怀畅饮。酒酣之际，刘自煜欲将一个名叫秋影的歌女送给王夫之。

　　醉眼蒙眬的王夫之见秋影美艳超群，不仅能歌善舞，而且通晓音律，尤其是能将他所写的诗作以歌舞的方式当场演绎，不禁为之怦然心动。

　　酒宴散后，走出酒楼的王夫之被凉风一吹，猛然清醒过来。想到国难当头他岂能沉迷于女色，王夫之拒绝了刘自煜的美意。

　　回到客栈，王夫之辗转反侧，半夜起来写了一首《刘杜三驰书见讯书尾以歌者秋影见属答之》：

　　　　君有清歌付雪儿，遥将红豆寄南枝。
　　　　海棠漫倚西川锦，自是无诗到李宜。

　　王夫之托人将此诗捎给刘自煜，然后和长兄返回衡阳。刘自煜收到诗后一下就明白了。

面对王夫之的坚决态度，刘自煜对王夫之的人品和才华更加钦佩。

6

得知两个儿子双双中举，王朝聘高兴得老泪纵横。他嘱咐兄弟两人取道南昌前往京师，以等候朝廷次年正月的会试。

衡阳一富家子弟因身犯重罪被关押在死牢。他的家人听说王夫之兄弟要赴京会试，就想请恳求王夫之兄弟为那个富家子弟求情，以免死罪。

参议金九陛原本不想答应，见友人几番前来都涕泪横流，终于动了恻隐之心，遂带着友人的一千金来到王家。

金九陛说明来意后，将一千金放在桌上，等待王氏兄弟的答复。

王介之当时就问王夫之："小弟如何看待此事？"

王夫之毫不犹豫道："此事万万不可！"

王介之道："重金若能免其死罪，却不能免其再犯。"

王夫之对金九陛说："金参议，此事恕我兄弟两人不能从命，还是请回吧。"

遭到兄弟两人的断然拒绝，金九陛感到甚是羞愧："早闻王家兄弟学识超群，又品性高洁，今日一见，果然名不虚传。老夫也是受友人所托，不得已而为之，是老夫唐突了。"

金九陛匆匆一揖，欲告辞。

"金参议且慢。"王夫之一把抓起桌上的钱袋交还给金九陛道，"金参议慢走。"

金九陛走后，王夫之和王介之冒着大雪，经迢迢水路乘舟北上。

此时，李自成的农民军席卷河南后，很快攻占南阳，又将开封围了个水泄不通。张献忠大军也已进逼蕲水。

王夫之兄弟刚到南昌，就收到朝廷将礼部会试的时间延至八月的消息。王夫之只好与王介之乘船折返。

船泊章江之日正好是大年初一，王夫之的内心有几分茫然。他在纪行诗中写道：

闲心欲向野鸥参，更听鱼龙血战酣。

何事春寒欺晓梦，轻舟犹未度江南。

　　王夫之伫立船头，面对翻涌的江水，他那瘦弱的身影显得格外孤独和落寞。王介之自然明白王夫之此刻的心情，他内心的感受又何尝不是如此？

　　回到衡阳后，王夫之一边和长兄为即将到来的会试做准备，一边与友人书信往来，还在州学的刻书库刊刻了第一本诗集《漻涛园初刻》。这本诗集由熊渭公为之作序，熊渭公"以眉山、淮海为戒"意在贬斥苏轼、秦观等人的为文观念，对王夫之产生了一定的影响。

　　随着时局的急剧变化，北上之路已完全阻断。这意味着王氏兄弟由科考通往仕途已绝无可能，但这毕竟是王夫之一生中最为春风得意的时候，这种得意无形中影响了他对当时处境的判断。

曲意相脱

　　暮色中，一个年逾五旬的老汉急急忙忙向王衙坪方向走来。

　　王朝聘一家正谈论着当下的局势，外面突然响起急促的敲门声。王朝聘示意夫人谭氏去开门。

　　谭氏说："弟弟……怎么是你？"

　　此时的谭允琳气喘吁吁地靠在门口，双腿有点发软，谭氏一把将他扶住："快，快进屋！"

　　谭允琳的突然到来令王家有一种不祥之感。

　　"舅舅，快请坐。"王夫之和母亲一起将谭允琳扶到一张椅子上坐下。一旁的陶氏也赶紧端来茶水。

　　谭允琳喝了一口水，还是有点喘："姐夫，张献忠自武汉南下长沙后，又一举攻克常德，其义子艾能奇已进驻衡阳城。我听人说，他们要扩大队伍，正在城里延揽人才。我还听说……听说他们拟了一个名单，排在最前面的就是你们父子。"

其实王朝聘早知道会有这一天，只是没想到这一天会来得这么快。此刻他的心情十分复杂，既为大明政权的腐朽和无能感到悲愤不已，也为王家的命运忧心如焚。

"我王家世代忠良，绝不同反贼合流！"王朝聘大声道。

"爹爹说得对，我们王家绝不同反贼合流！"王介之也脱口而出。

"既然他们已经把我们王家列入名单，只怕随时会派人过来。"王廷聘道。

"叔父说得对，爹爹，当务之急是要想办法应对才是。"王介之有几分焦急地看着父亲。

"姐夫，依我看，你们得先找个地方避一避。"谭允琳说，"地方我都想好了。几年前我在双髻峰黑沙潭采药的时候，结识一位叫性翰的僧人，他在那里有数间草房，极为隐蔽。因他平时居方广寺，草房内经常无人居住，可去那里暂避。"

王参之见王朝聘不吭声，劝道："爹爹，听舅舅的，我们得先找个地方避一避，再静观其变。"

王朝聘咳了一声："爹爹老了，走不动了。你们跟着舅舅走吧。"

"爹爹，您走不动没关系，我们兄弟三人就是背也要把您背出去。"一直没有说话的王夫之也劝道。

"你们不用劝我，我哪也不去，我就不信他们连一个糟老头也不放过。"王朝聘的态度很坚决。

王夫之用一种求助的眼神望着谭氏。他原本以为只要母亲劝说，父亲或许会答应一起走。可谭氏说："你爹不走，我也不走。"

"万一……"陶氏话到嘴边，又咽了下去。

"没有什么万一，你们都快走。"王朝聘大声喊道。

无奈之下，王家除了王朝聘夫妇留下，其他人全部跟着谭允琳连夜赶往双髻峰。

两天后，王朝聘被艾能奇的部属强行掳走，作为人质，逼迫王夫之兄弟前去效力。王夫之兄弟一商议，决定先把情况摸清楚之后，再想办法营救。

王夫之和谭允琳在街边的一家茶楼暗中观察。半个时辰后，终于看到一个骑着高头大马的人出现。经打听，这个人是张献忠麾下大将艾能奇。令王夫之深感意外的是，跟随在艾能奇身边的人竟然会是武昌乡试期间认识的文友奚鼎铉。王夫之很快有了一个大胆而周密的计划。

两人离开茶楼后，先找到郭凤跧的家。郭家人实言相告，与郭凤跧一同中举的几个人全在艾能奇的名单之内，他们得到消息后都躲进了衡山。

在郭家人的帮助下，王夫之找到郭凤跧的藏身之所。郭凤跧告诉王夫之："那天，艾能奇派来抓我的人正是奚鼎铉。他带兵到我家之前，就让人事先到我家通风报信。等他到我家时，我早已进了山。奚鼎铉假装搜寻一番，然后就撤了。"

王夫之道："听你的家人说，管嗣裘和夏汝弼也进山了。"

郭凤跧叹了一口气道："他们也是事先听到风声进的山。管嗣裘进山之后，艾能奇派的另外一拨人闯进管家，以其家人的性命逼其现身，其兄管嗣箕为救家人，谎称自己就是管嗣裘，如今生死不明。"

王夫之道："此事千万不能让管嗣裘知道，等救了我爹之后，我们再另想办法。"

郭凤跰将王夫之的计划写好后托人交给奚鼎铉。奚鼎铉一看是好友有求于他，深感义不容辞，就答应了。

当天晚上，精通医道的谭允琳在王夫之的脸和手腕上各划一刀，再在伤口处适量敷上他配制的毒药，使其溃烂。

按计划，郭凤跰叫来两个壮汉将王夫之抬进军营，由奚鼎铉带着王夫之走进艾能奇的大帐。

"来者何人？"艾能奇喝问。

"衡阳举人王夫之。"王夫之一边呻吟，一边答道。

"王夫之，你的长兄也是举人，他怎么没来？"艾能奇瞟了一眼王夫之脸上已经溃烂的伤口，不禁皱了一下眉头，"为何会这般模样？"

"我和长兄同时染上……一种怪病，长兄已于不久前离开人世。我前来，是因家父年迈，又体弱

当天晚上，精通医道的谭允琳在王夫之的脸和手腕上各划
一刀，再在伤口处适量敷上他配制的毒药，使其溃烂。

多病，恳请将军放过家父。我愿代父留在军中。"
王夫之答道。

见艾能奇在帐内边踱步，边犹豫，一旁的奚鼎铉趁机进言道："将军，卑职对王家的情况也早有耳闻，王夫之所言句句属实，不如……"

"念其父王朝聘年迈，即日放回，王夫之留下，暂且由你好生看管。"艾能奇看了看王夫之，然后对奚鼎铉挥了一下手。

奚鼎铉一边答应，一边冲两名壮汉使了个眼色。两名壮汉迅速抬起王夫之，跟在奚鼎铉的后面退出大帐。

奚鼎铉先将王夫之在帐内安顿好，然后让两名壮汉将王朝聘带出军营。谭允琳和郭凤跹在军营外的一个路口接应。

王朝聘一走，奚鼎铉迅速返回营帐，从王夫之身上找到谭允琳事先准备好的解药，给王夫之敷上。

"中雪兄为何在此处？"王夫之忍不住问道。

"而农有所不知，张献忠的农民军进入武昌之后，以'招贤纳士'之名四处搜罗，我来不及躲避就被他们抓来，命我任县令。因张献忠的义子艾能奇身边缺少谋士，又令我随之入衡阳。如今我的家人都在他们的控制之下。"奚鼎铉满脸无奈道。

"原来如此，真是苦了中雪兄了。"王夫之长叹一声。

"我能在衡阳帮到而农，也算是天意。"奚鼎铉苦笑道。

等天一黑，王夫之换上奚鼎铉给他找来的军服，两个人大摇大摆向军营的出口走去。出口的守卫认识奚鼎铉，他只是稍加盘问就放行了。

一出军营，奚鼎铉让王夫之快跑。

"跟我一起走吧。"王夫之道。

"我不能走，我要是走了，他们会对我的家人不利，还会派重兵来追，到时你们一个也跑不了。我不走，还能想办法与他们周旋。"见王夫之还在犹豫，奚鼎铉用力推了他一把："快跑！"

王夫之脱掉军服，一路狂奔。不久，王夫之和谭允琳等人在约定的地点汇合。借着微弱的星光，众人护着王朝聘，向黑沙潭方向走去。

人心即天

1

将父亲救回的同时，王夫之作《九砺》。在诗的小序中，王夫之表达了仰慕屈原、郑所南"忠愤出于至性"，而"愿与二子游"。

清太宗死后，其子福临即位，史称清世祖，年号顺治。

王廷聘退隐林泉，筑室郊坰，号"曳涂居"。对于叔父的这一举动，王夫之心里很清楚，叔父常对他称慕王绩、林逋等遁世隐士，已早有退隐之意。王夫之觉得这样也好，从此叔父可以神契庄周，逍遥自在。

王廷聘退隐后以教书为生，王夫之经常抽空前往探视。在曳涂居前的松树下，叔侄俩多次促膝长谈。

有一次，王廷聘问他："贤侄可知，大明为何会有今日之祸？"

王夫之道："周文王恃一人之耳目以弱天下，秦始皇担心有能力的人随时会壮大势力，隋文帝、隋炀帝则以打压天下有才智的人作为治国的根本，一直到宋太祖杯酒释兵权，皆因将天下视为私有而怀疑天下，以家天下为强。殊不知，专制才是导致国家衰亡的根源所在。"

王廷聘道："以一人之疑心与天下人相抗，岂有不亡之理。依贤侄之见，当如何治国？"

王夫之道："君主必设宰相而后治天下，宰相听从于天子。谏官的予夺听从于宰相，天子的得失则听之于谏官，达到环相而治。一个国家的君主应具有天下百姓的生死高于一姓之兴亡的情怀。"

王廷聘见王夫之说到这里似有所顾忌，便用鼓励的眼神看着他。

王夫之接着说道："倘若法大于天子，天子也得服从于法，更不能以言代法。如此一来，即便没有天子，社会也能正常运转。故侄儿以为，国之治在于法治。"

王廷聘沉默良久，然后黯然问道："贤侄有何打算？"

王夫之知道叔父是在担心自己。此时在叔父看来，纵使有再好的治国之法又能如何？国将不国，又何来法治？

王夫之道："观其变，以尽人事。"

王廷聘担忧道："叔父已经年迈，凡事都已无能为力。贤侄尚且年轻，面对如此危局，当谨言慎行，先保全自己才好。"

王夫之道："请叔父放心。"

之后，王夫之去了邵阳和武冈，想通过一些旧友探听一些消息。一路上，王夫之见到不少难民。有的难民被抓走，有的被打死，有的则死于饥寒交迫或疾病，有的则因投靠无门就地搭建草棚暂时栖身……

崇祯十七年（1644）五月的一个下午，天空飘着绵绵细雨，郭凤跹打着一把破旧的雨伞，匆忙行走在通往草房的山径上。

一天，王夫之将自己在邵阳和武冈了解到的情况告诉了性翰。两人正在交谈，门突然被撞开了。

"而农，左良玉将军攻下长沙后，张献忠的人马已离湘入川，管嗣箕得救了。"一边说话，一边走进来的人正是郭凤跹。

王夫之闻言松了一口气。他见郭凤跹仍呆立在门口，觉得甚是奇怪："这是好事，怎么还哭丧着脸？"

郭凤跹像是没听见，王夫之有一种极为不祥的预感："季林，是不是出什么大事了？"

"皇上……驾崩了。"郭凤跹突然哽咽道。

"皇上驾崩了？"王夫之骇然失色。

郭凤跹道："不久前李自成发起总攻，皇上命兵部尚书孙传庭调动六省军队迎敌，结果死伤四万余人……李自军的起义军一路势如破竹，直抵京师，城外守军不战而降。十九日凌晨，皇上鸣钟召集群臣商议，竟无一人上朝……皇上他一个人……登煤山自缢而死。"

性翰双手合十，道了一声"阿弥陀佛"，然后盘腿坐下，口里念念有词。

"大明就这样完了……大明真的就这样完了？"王夫之失魂落魄地冲出草房。绵绵不绝的细雨中，也不知脸上淌下的是泪水，还是雨水。王夫之突然跪倒在地，仰天大喊道："还我大明！"

一连数日，王夫之待在一间昏暗而狭小的屋子里，写下《悲愤诗》一百韵，以表达对大明之悲。

已有身孕的陶氏始终默默地守在王夫之身旁，以温言软语安慰他。

一个多月后，吴三桂降清，与李自成在山海关激战。李自成战败，逃回北京。两天后，李自成在武英殿内即皇帝位，国号大顺。李自成刚接受完群臣的朝贺，便于次日退出北京。不久，清兵入驻北京城。

"马士英等人拥立福王朱由崧在南京称帝，年号弘光。"当郭凤跹再次将消息传来时，王夫之心如刀绞。经历了这一连串的惊天巨变，王夫之深知大明已滑入沉沦的深渊，接下来无非是苟延残喘而已。

王夫之像是安慰郭凤跹，又像是自我安慰道：

"大明一息尚存。"

王夫之寄希望于史可法、左良玉等忠义之士，希望他们能力挽狂澜。

郭凤跹闻言半日不语。直到天近黄昏，他独自一人黯然离开黑沙潭。待王夫之发现时，郭凤跹已不见踪影。

2

王夫之的夫人陶氏诞下王攽（bān）。夏汝弼闻讯后和一帮好友前来祝贺。好友性翰、夏汝弼见王夫之一大家子住在几间草屋里甚是拥挤，便帮王夫之在离黑沙潭不远的地方就地取材，营建居所。

居所修好后，王夫之将其称之为"续梦庵"。自从郭凤跹离开黑沙潭之后，王夫之已许久没有他的消息。倒是听夏汝弼说起过管嗣裘，管嗣裘在其兄管嗣箕脱险后，只身去了广州。众好友中，只有性翰和夏汝弼是续梦庵里的常客。

顺治元年（1644）十二月，一天下午，王介之听闻郑逢元收复了邵阳，决定前往邵阳。他兴冲冲地跑到续梦庵与王夫之道别。王夫之以诗《闻郡司马平溪郑公收复邵阳别家兄西行将往赴之》相送：

微生一日一虚生，为惜鸿毛死亦轻。

但使土门能破贼，不教李萼负真卿。

随后，王夫之将长兄送出莲花峰。王介之嘱咐道："爹爹年迈，二弟又身体不好，家里全赖小弟照顾了。"

王夫之道："大哥放心去吧。"

顺治二年（1645）三月，明湖广巡抚堵胤锡到了南岳。王夫之知道堵胤锡肩负抗清重任，便与夏汝弼匆忙赶去与之相见。结果堵胤锡避谈战事，只是让王、夏二人兴修南岳的二贤祠。王夫之惊闻清军南下，史可法在清兵围攻扬州城时拒降殉国，扬州城破。豫亲王多铎下令屠城，清军很快攻入南京，福王崩，弘光政权灭亡。王夫之再写《悲愤诗》一百韵。

得知南明军和李自成余部联合抗清的消息，王夫之夜不能寐。

山中的夏夜甚是清凉。仍处在兴奋之中的夏汝弼道："百万大军若能齐心合力，大明复国有望。"

　　见王夫之面无表情，夏汝弼问道："而农可还有别的担忧？"

　　王夫之说："湖广总督何腾蛟之所以将李自成余部推给堵胤锡，定是出于私心。百万大军，光筹措粮饷就是一桩天大的难事。我担心两军之间互生嫌隙，后果将不堪设想。"

　　夏汝弼认为王夫之分析得极有道理："明日一早，我去打探一下情况。"

　　事情远比王夫之所料想的还要严重。

　　当夏汝弼风尘仆仆回到莲花峰时，王夫之问道："情况如何？"

　　"正如而农所言，南明军对农民军一直怀有戒心。两军现已分开驻扎，南明军还在农民军中安插人员暗中监视，以防哗变。"夏汝弼面色铁青。

　　王夫之道："若是没有猜错的话，何腾蛟、堵胤锡只怕会各自拥兵自重。"

　　夏汝弼忿然道："何、堵二人不但拥兵自重，还明争暗斗，频生事端。何腾蛟为征收粮饷，强行摊派租税，新税为原税的五倍，并预征两年，百姓早已不堪忍受。"

王夫之悲愤道："南明无望矣……"

夏汝弼突然想起一人，道："而农可知章旷已升任湖北巡抚？"

王夫之在武汉乡试期间，章旷作为分考官曾跟他有过深入的交流，便拍了拍夏汝弼的肩膀："事情或许还有转机。"

夏汝弼面露难色："当初，章旷和堵胤锡均为何腾蛟所举荐，章待何执门生之礼，两人关系密切，堵对何则以平辈待之，故何对堵甚是不满。只怕难以转圜（huán）。"

王夫之心急如焚，到了湘阴后以门生之礼拜见章旷。

章旷十分赞赏王夫之"师克在和"的观点，他虽知何、堵之间的矛盾，但调和之事只能伺机而动。

从章旷的神情里，王夫之能感觉到他有难处，王夫之只好黯然离开湘阴。

回到续梦庵后，王夫之遵父命开始编撰《春秋家说》和《莲峰志》。此外，他沉下心来一边研读

《周易》，一边撰写《周易稗疏》。

3

八月，衡阳镇将因粮饷短缺而纵兵劫掠，王夫之和父兄在耒阳、兴宁等地逃难。谁知各地的情形都相差无几，他们再逃回黑沙潭时已是十月。

不久，陶氏得知父母、兄弟在战乱中相继离世。她捶胸恸哭，哭声七日不绝，因悲愤过度而亡，年仅二十五岁。王夫之葬陶氏于王衙山。想起陶氏生前舍弃富贵与自己相濡以沫十载而毫无怨言，王夫之不禁痛彻心扉。随后王夫之作《悼亡四首》，在第一首诗中写道：

十年前此晓霜天，惊破晨钟梦亦仙。

一断藕丝无续处，寒风落叶洒新阡。

陶氏去世不过半月，兵部尚书瞿式耜（sì）和大臣们拥立明桂王朱由榔在肇庆建立永历政权。镇守武冈的刘承胤迎永历帝，改武冈为奉天府。

此时，王夫之正和从江陵来的李芳先在上湘歌哭痛饮。李芳先一走，王夫之就和夏汝弼冒着倾盆大雨奔赴武冈。

不料道路被大雨冲毁，两人受困于湘乡的车架山。王夫之在诗中写道："天涯天涯，吾将何之？颈血如泉欲迸出，红潮涌上光陆离……"

正当两人万般无奈之时，又闻清军攻入衡阳。两人进也不是，退也不是，只好在湘乡白石峰一农户家暂时栖身。

眼看到了仲夏，夏汝弼见王夫之甚是忧虑，便提议一起登白石峰。

白石峰位于湘乡南百里，由南岳花岗岩体断裂切割而成，坡陡峰峻，谷涧深陷。因遍布白石而得名。

两人登上白石峰时已是正午，雨后的白石峰顶，清新之气扑面而来。周遭连绵起伏的群山笼罩在一片水雾之中。仰头望去，穹顶乍现亮光，似要刺破厚厚的云层，还这苦难的人世以澄明。

王夫之问道："白石峰耸立于群山之上，而峰之上是无穷尽的上苍，难道真有所谓的天吗？天是一定要覆盖天下一切荒远之地，才能称其天，还是不必如此？"

面对王夫之提出的问题，夏汝弼不知如何回答。但他从这些提问中看到了王夫之内心的迷茫。两人原本想通过爬白石峰释放一下压力，结果却悻悻而归。

从白石峰顶下来后，王夫之一言不发。夏汝弼则作《白石峰记》，将他在白石峰之所见和王夫之的思天之问记录下来。

第二天一早醒来，夏汝弼见王夫之眼皮浮肿，问了才知他一晚未睡。

"顺应必然之势就是合乎天命。天命合乎规律却无心。"王夫之自言自语道。

夏汝弼问道："那人之命呢？"

王夫之道："人之命有心，人心即天。"

夏汝弼接着问道："何谓人心即天？"

王夫之道："天之命无非是气化而成，自然无心。人则由自然进化而成，能按照自己的意愿进行思考、实践和创造，人岂能无心？"

夏汝弼道："而农的意思是，昨日之问是人的有心之问，而天不过是顺应自然气化而成，天下的一切皆为无心之化。"

王夫之道："天有五种：使万物生化的'天之天'、物之所知的'物之天'、人知所知的'人之天'、圣贤之人眼中的'己之天'、平民百姓的'民之天'。"

王夫之离家不久，王参之的病情突然加重。王夫之的母亲谭氏赶回娘家求助，娘家已空无一人，谭允琳也因躲避清兵而不知去向。在缺医少药的情况下，王参之病逝，留下一子王敉（mǐ）。王朝聘在病榻上给王夫之写信："汝若自爱，切不须归，勿以我为念。"

书信几经辗转才到王夫之的手中，王夫之不顾夏汝弼的劝阻，执意要回莲花峰。身在邵阳的王介之得知清军已进入衡阳，也因担心家人的安危连夜赶回。

王朝聘见两个儿子都冒险归来，急得捶胸顿足："我儿万不该回啊……"遂令家人举家迁往南岳的潜圣峰。

清军攻入邵阳时，永历帝逃往靖州。

这年十月，王廷聘因病在"曳涂居"去世。一个月后，七十八岁的王朝聘也病逝于家中，弥留之际他紧紧抓住王夫之的手："我儿切记，虽死不辱！"

顺治四年（永历元年，1647），降将孔有德兵至长沙，何腾蛟退驻衡阳后，又退至永州。章旷绝食，死于永安。湖南成为永历政权与清兵交战的前沿阵地。

在经历众多变故之后，王夫之带着侄儿王敉一边服丧，一边苦读。以往读书奔的是仕途，以期有朝一日能为国效力；此时读书对王夫之而言只是为了探究学问，其意义已大不一样。

衡山举义

　　顺治五年（永历二年，1648），抗清局势突变。淮徐总兵金声桓和副将王得仁举兵归明后，原史可法部将李成栋也叛清归明，南明势力大增。清军在进攻南昌时，何腾蛟乘机对清军发起反攻，在五月大败清军。

　　闻此喜讯，王夫之内心的余烬又蹿出火苗，并越烧越旺。八月，夏汝弼带着管嗣裘来见王夫之。

　　王夫之和性翰在见到管嗣裘的那一瞬间，王夫之惊喜不已，他上前一把抱住管嗣裘："冶仲兄总算回来了，这几年兄去了哪里？"

　　管嗣裘道："初到广州，得遇大学士苏观生，然后随其去了广东。隆武帝死后，苏观生、顾元镜等在广州拥立绍武帝。绍武帝授我给事中，我躲于优人舍中，坚决不受。近闻清军入侵衡阳，因担忧家人安危，才返回。"

王夫之道："冶仲兄回来就好。我正好有大事要和两位兄长商议。"

管嗣裘问道："是什么大事？"

王夫之道："何腾蛟大败清军后，必先收复湖南的失地。我以为，不出两个月南明大军定会围攻永州，离收复衡阳之日当不远矣。"

管嗣裘脱口而出："而农是想聚兵抗清，以作呼应？"

王夫之道："正是。"

管嗣裘眉头一展："冶仲和叔直此番前来，也正是因为此事。"

性翰哈哈笑道："不瞒二位，在未见二位之前，贫僧和而农商议，若我等此时招募人马，两个月后当可派上用场。"

夏汝弼道："届时正好和何腾蛟的大军里应外合。"

王夫之道："当务之急，我们要尽快分头行动，

不出一个月，王夫之等建立起一支队伍。经商议，这支队
伍以方广寺为召集地点。

招募人马。"

不出一个月，管嗣裘、夏汝弼、性翰、王夫之建立起一支起义队伍。经商议，这支队伍以方广寺为集合的地点。白天王夫之等人回到各自的住处，以原来的身份在暗中继续招募有志之士，准备各种武器。一到晚上，管嗣裘和夏汝弼负责在方广寺对招募来的人进行训练。

义军队伍一天天壮大。众人皆推举给事中管嗣裘为首领，与衡阳周边各地义军保持联系。耒阳义军首领周师文跟管嗣裘在书信中约定："期以十一月，简精锐渡湘出衡山，管嗣裘之兵顺流下茶、醴（lǐ），趋平江、蒲圻（qí）以撼武昌，为大军西援。"

抗清的义军决定在十月见机起事，以配合南明大军的反攻，再按照与周师文所约定的时期，从茶陵、醴陵、平江向武汉挺进。

随着义军人数的增多，清军头目尹长民的一个亲属也混迹其中，却无人察觉。此人将义军的动向偷偷透露给了尹长民。

起事当晚，方广寺内灯火通明。管嗣裘见夏汝弼迟迟不见人影，不由得心急如焚。

突然有人来报："夏汝弼母亲病危。"

管嗣裘和王夫之、性翰决定不再等夏汝弼，按原计划起事。

义军深夜从方广寺出发，向清军驻地逼近，计划在天亮时分向清军发起攻击。管嗣裘命令义军熄灭火把，摸黑行进。谁料行至中途的山谷时，两侧突然喊声震天，尹长民率领的清军如两条火龙从天而降。中了埋伏的义军仓促应敌。

王夫之见情况十分危机，一边率领义军抢占有利地形，一边大声呼喊道："杀身成仁，就在今日，复我大明，虽死犹荣……"

义军受到鼓舞后，拼死抵抗。

由于双方的力量过于悬殊，经过一个多小时的浴血奋战后，伤亡惨重的义军边打边退。在清军乘胜追击下，义军溃败。为了躲避清军的追击，义军残部逃入山林。

负伤的王夫之在天亮前摸到夏汝弼的住处。夏汝弼正跪倒在母亲的灵前，哀恸不已。见负伤的王夫之孤身一人出现在自己的面前，问道："起义是不是失败了？"

"败了，一败涂地！"王夫之痛哭。

"人呢？"

"打散了，活下来的逃命去了。"

夏汝弼见王夫之的伤口还在流血，赶紧为王夫之敷药。

"而农怎么会逃到我这里来？"夏汝弼问。

"我特来报信。此地不宜久留，得赶紧走。"王夫之道。

"我得将母亲安葬之后才能走。"夏汝弼道："再说，我们又能走到哪里去？"

"等天一亮我就去找冶仲商议。也不知他们现在怎样了，衡阳肯定是不能待了。"王夫之道。

管嗣裘当晚将残部安置在山中，性翰从方广寺给他们找来食物和药品。管嗣裘不放心一家老小，又连夜赶回家中。

尹长民见义军残部逃入山中，并没有穷追不舍，而是带领一部分清兵直接扑到管嗣裘的家里。管嗣裘一家老小，除一弟妇携幼子逃走外，全部被杀。

管嗣裘一进家门看到遍地尸体，犹同五雷轰

顶，当场昏厥。等他醒来，天已放亮。

王夫之在丛林中找到正在养伤的残部时，看见自己的儿子王攽也在其中。

"攽儿。"王夫之喊道。

"爹！"王攽从地上站了起来，王夫之一把将他抱在怀里："我儿没事就好。"

王夫之用一种异常坚定的眼神看着王攽道："我儿切记，为国而战，虽败犹荣。"

为躲避清廷的通缉，王夫之将母亲和儿子安置于长乐乡石仙岭下的耐园，托付长兄照顾。然后他带着侄儿王敉和匆忙赶来的管嗣裘一起前往肇庆。

夏汝弼原本是想和王夫之、管嗣裘同行的，结果临时改变主意，一个人去了宁远的九嶷山。他自号莲冠道人，终日抚琴吟啸于山泉之间。不过半年，夏汝弼便饥寒交迫而死。

王夫之仰天悲叹道："叔直兄啊，难道你是为追寻'己之天'而不惜以命相抵？命不存，天又何在。叔直兄，你好糊涂啊……"

追随南明

　　王夫之一行抵达广东肇庆已是冬天。在肇庆，王夫之亲眼看见永历帝不思进取，任由宦官把持朝政，迫害忠良。永历帝沉迷于女色，只顾贪图享乐。

　　这天，肇庆街头的凤祥酒楼有点冷清。蒙正发约了王夫之和管嗣裘在酒楼喝酒。王夫之和蒙正发重逢，自然有说不完的话。

　　蒙正发说："听说堵胤锡得知而农到了肇庆，已上疏推荐而农为翰林院庶吉士。可有此事？"

　　见王夫之不语，管嗣裘道："而农以其父过世尚不足一年未行大祥之祭为由，已上疏请辞。"

　　蒙正发道："如此看来，而农志不在此。"

管嗣裘道："冶仲倒是想起一人，听闻文渊阁大学士瞿式耜在桂林，而农为何不去投奔他？"

王夫之道："瞿式耜为政清廉，乃我大明股肱之臣。我也正有此意。"

管嗣裘端起酒杯："如此甚好，干了这杯！"

蒙正发也举起酒杯："干！"

次年春，王夫之带着王敉经梧州、平乐，奔赴桂林，瞿式耜见到王夫之后甚是赏识。通过一段时间的观察，王夫之发现瞿式耜抗清复明之心坚如磐石。王夫之认为瞿式耜是个可以信赖的人，也视他为知己。

谁知此时的抗清斗争又出现了惊天逆转。由于南明军内部分裂，何腾蛟在湘潭被降将李勇所擒，绝食七日后又被清军所杀，湖南又沦为失地。此后，江西也被清军全部占领。在此紧要关头，永历朝的多数官员仍醉生梦死。王夫之以看望母亲为由，从桂林回到衡阳。

本地的一伙流民听说王夫之是从外地回来的，以为他带有不少财物，便于一天傍晚入耐园抢劫，连王夫之的诗稿《买薇稿》也未能幸免。饱受惊吓的谭氏生怕再生出什么事端，催促王夫之离开衡阳。王夫之只好带着王敉又回到桂林。

到桂林后，瞿式耜欲推荐王夫之参加阁试，王夫之以服丧未满为由，上《请终丧免阁试疏》，获永历帝批准。

二月，王夫之守丧期满后，瞿式耜推荐他做了梧州行人司行人。在一次聚会中，瞿式耜无意中的一句玩笑话，一下提醒了吏部尚书郑继之。他的曾侄孙女尚待字闺中。郑继之跟王夫之一说，王夫之同意娶郑氏为妻。不久，两人在桂林完婚。

王夫之赴梧州就职时，礼部侍郎方以智辞官，在梧州山寺出家，法号弘智。

南明朝廷的党争日趋白热化。永历帝一到梧州，吴党就向楚党发难，上疏朝廷严惩楚党五虎袁彭年、金堡、刘湘客、丁时魁和蒙正发。除袁彭年因有功免于惩办外，其余四人被关押。

蒙正发的家人向王夫之和管嗣裘哭诉。王夫之以老友身份前去探视。负责审讯的张凤鸣早已被吴党买通，当他听说王夫之只不过是一个正九品的行人，便无所顾忌地答应了。

这是王夫之第一次进入死囚的牢房。牢内阴暗、潮湿，空气中弥漫着一股浓浓的血腥味，不时有鞭笞声、斥骂声和惨叫声传来，令人不寒而栗。在狱卒的带领下，王夫之故意走得很慢，他先是看到蓬头垢面的刘湘客和丁时魁，两人蜷缩在墙边，双目无神。在经过关押金堡的囚牢时，脚镣手铐的金堡满脸是血，像是刚刚受了重刑昏死了过去。遍体鳞伤的蒙正发见王夫之前来探望，竟然说不出一句话，只是举了举手中的镣铐，眼睛里像是有火要喷出来。

从牢房出来后，探完监出来后，王夫之对吴党的所作所为甚为不耻，遂与管嗣裘一道参见大学士严起恒。

王夫之痛心疾首道："诸君舍妻别子追随吾皇于刀剑之下，而党人假公器以泄私愤，欲置忠义之臣于死地，天下志士莫不寒心。恳求大学士明鉴，向吾皇谏言。"

严起恒没想到王夫之竟敢不惧权贵仗义执言，对王夫之甚为敬佩。王夫之担心自己一个人的力量还不够，便和瞿式耜一起上疏为金堡等人申辩。

王夫之到关死囚的牢房探望遍体鳞伤的蒙正发。

让两人没想到的是，永历帝对上疏不予理睬。此事传开后，引起诸军将领的愤慨，忠贞营统帅高一功更是当朝痛斥吴党。群情激奋之下，永历帝怕事情闹得不可收拾后会危及政权，这才免去金堡死罪，并释放了其他三人。吴党由此视严起恒为眼中钉，肉中刺，其党羽纷纷弹劾严起恒，称其"奸逾严嵩"。王夫之与同僚董云骧（xiāng）挺身而出，冒死上疏进谏，为严起恒辩护。吴党转而将矛头对准王夫之，请旨将其逮捕。若非高一功出面营救并力证严氏之忠，只怕王夫之也在劫难逃。

一月后，王夫之旧友李广生来访，两人谈及各自的经历不由得感慨万千，王夫之当即作《梅花诗》一百韵。攸县有一狂妄书生读到王夫之的《梅花诗》后，也作《百梅诗》，还假冒王夫之之名作序。此事传到吴党王化澄耳中，他见序中多有狂悖之言，故意指鹿为马，再次向王夫之发难，这让王夫之百口莫辩。又是高一功出面，王夫之才免于一死。永历帝以准允休假为名，将王夫之撤职，王夫之得以全身而退。

进退之间

在桂林安顿下来的王夫之接到母亲谭氏病重的家书。夫妻俩带着侄儿王敉匆忙返湘。返湘途中经过永福水砦村时，恰逢连月的大雨，河水暴涨，归家之路受阻。

王夫之急火攻心，绝食四日。郑氏知道丈夫思母心切，便四处托人打听，看有没有其他的路可以回去，结果令人绝望。

就在这段时间，降将孔有德率清军攻破全州，由榕江直取桂林，王化澄等人投降。瞿式耜被捕后坚贞不屈，结果被孔有德所杀。清军乘胜追剿南明余部，幸有李元胤舍命护驾，永历帝才得以逃往南宁。

大雨连下两月，王夫之次年正月才赶到家中，谭氏早已去世。王介之告诉王夫之，谭氏在弥留之际一直喊着他的小名。王夫之痛不欲生，在母亲坟前久跪不起。

南明在走投无路时和张献忠的大西军取得联系。张献忠战死后，其余部分别由义子孙可望、李定国、刘文秀、艾能奇四人统率，孙可望被推为首领。经李定国反复劝说，孙可望答应投明抗清。但孙可望野心勃勃，要求永历帝封他为王。严起恒等人坚决反对，孙可望大为恼火，当即派重兵直扑南宁，将严起恒等十余人诛杀。一时朝野震动，永历帝不得不封孙可望为秦王。

王夫之多次收到方以智的来信。此时的方以智已到了宝庆的青原寺。方以智引用吉水刘安礼的诗劝王夫之逃禅，并邀请他前往青原寺。但王夫之并没有答应。在王夫之看来，逃禅洁己实乃消极之举。

大西军于顺治九年（永历六年，1652）三月兵分两路，一路由刘文秀率领，由云、贵入四川。一路由李定国率领，挥师北伐。李定国先克武冈、邵阳、全州，不久与孔有德决战于严关，孔有德兵败自裁。十一月又与清敬谨亲王尼堪的十万大军决战于衡阳，清军大败，尼堪被杀。

李定国抵达衡阳后，曾先后两次托管嗣裘邀王夫之出山。正在耶姜山为母服丧的王夫之心情十分矛盾，他当时并没有答应。他先后作《落日遣愁》和《章灵赋》。在《章灵赋》中，他慨叹道："人不可谋，天不可问，寸心孤往，且以永怀。思主则怆恍而烦心，求仁则坚贞而不怨。"在进与退之间，王夫之多次找王介之商议，但没有商议出一个结果。王夫之只好卜之于《易》，皆因卦象所示未能成行。

王介之深知王夫之内心的煎熬，劝慰道："两次卦象所显，皆非和合之象，天意如此，小弟又何必耿耿于怀。"长兄的话令王夫之豁然开朗，从此绝意涉世，专心于学问。

局势的发展果然如王夫之所料，立下赫赫战功的李定国很快引起孙可望的无端猜忌。孙可望担心风头正劲的李定国会盖过自己，再加上有人从中作梗，两人的矛盾日渐加剧。在永历佞臣马吉翔的怂恿下，孙可望自设内阁六部，欲取代永历帝。李定国于顺治十一年（永历八年，1654）率大军撤离湖南，抢先一步将永历帝护送至云南昆明。

李定国大军刚走，清军立即乘虚而入，湖南又落入清军之手。清王朝颁发谕旨："留发不留头，留头不留发。"严令汉人男子效仿满族剃发蓄辫。

王夫之拼死抵抗，誓不剃发。随后有人举报王夫之曾追随南明抗清，他被清军列为通缉的要犯。为了躲避清军的通缉，王夫之带着妻子郑氏连夜踏上逃亡之路。

亡命湘南

1

王夫之和夫人郑氏先是避居耶姜山，后辗转于零陵的北洞、钓竹源、云台山等地。夫妇二人如同野人，常常衣不蔽体，食不果腹。

顺治十一年的冬天，王夫人和郑氏逃到常宁的西庄源，栖身于一山洞中。为避清军的耳目，夫妇二人被迫改名换姓。

一天，夫妇俩上山挖野菜。在回山洞的途中，王夫之一不小心崴了脚，无法动弹。郑氏本就柔弱，只能费尽力气将王夫之搀扶到一棵大树下靠着。此时已接近傍晚，离回到山洞还有好几里的山路要走。正当郑氏欲哭无泪的时候，山道上走来了一个中年男子。

见此情形，中年男子迅速察看了一下王夫之的脚，崴伤的地方已肿起老高，一片青紫。中年男子就近采了些草药，给王夫之敷上。他二话没说，就将王夫之背在身上，郑氏慌忙在前面引路。

回到山洞后，郑氏赶紧生火煮摘回来的野菜。中年男子见山洞里只有一张草席，一床破棉被，两只破碗，一只缺了耳的陶罐。"你们是外地人吧？"中年男子问。

"是从外地逃荒过来的。"王夫之忍痛答道。

"兵荒马乱的，受苦的总是平民百姓。"中年男子叹了口气。"

"恩人是哪里人，姓甚名谁？"郑氏在一旁边添柴，边问。

"我叫王文俨，本地人，也住在这山里。"中年男子答道。

"今天多亏了恩人援手。"郑氏道。"

"你是谁？"王文俨问。

"在下不过是一个普通的瑶人。"王夫之道。

从此，王文俨隔三岔五往山洞里送些吃的和穿的。

时间稍长，王文俨发现眼前这位清癯（qú）的外乡人极不简单，不仅世事洞明，而且学识广博，心里自然是十分佩服，便私底下称其为先生。

一次，王文俨问王夫之："《周易·系辞上传》有云：'形而上者谓之道，形而下者谓之器。'唐代孔颖达在《周易正义》中也云：'道是无体之名，形是有质之称'，认为道先而形后。故自宋以来，世人皆以为无其道则无其器。"

王文俨见王夫之微微一笑，像是在思考，又接着说："唐代崔憬以器为体，以道为用，认为道器不可分；张载以道为气，以气化为道，认为道的根本在于气，气是宇宙最高本体；程颐则认为道是器的根源；其兄长程颢却认为道和器根于人心，不必区分；而朱熹又认为'道非器不形，器非道不立'。不知先生以为如何？"

王夫之道："道和器相互依存，并不能人为地结合、分离。故道器无易体……天下惟器而已矣。"

王文俨不解，问道："先生为何认为天下惟器？"

王夫之道："无其器则无其道。事物的规律必然存于事物之中，有某种事物的存在，才有某种事物的规律。若没有这一事物，也就不可能有该事物的规律。这就好比生老病死是人的规律，若无人，人的规律又从何而来？"

王文俨认为王夫之说得极有道理，便问道："先生究竟何人？"

王夫之不再隐瞒："衡阳王夫之。"

王文俨大喜过望。他经常向王夫之请教，有时一个人，有时带着常宁的士子一起过来，听王夫之讲授《春秋》《周易》。学子们也常拿文章来，请王夫之修改、订正。

来找王夫之请教的人越来越多。王文俨见山洞比较狭窄，找人在山洞前搭起草棚，以容纳更多的人。王夫之住的草棚建在山腰处。山居最难熬的季节是冬天，对此王夫之写道：

> 两头纤纤水溜绝，半黑半白烧岭雪。
>
> 腼腼膊膊冻竹折，磊磊落落飞霰屑。

从诗中的拟声词来看，能隐约感觉到王夫之超然物外的心态。

这天，众士子想听听王夫之对当前形势的看法。

"先生，自从南明和农民军联合抗清以来，虽偶有胜绩，却无伤清廷根本。要想收复失地，只怕很难。"有个士子道。

"先生，我大明一旦覆亡，华夏文明恐难逃劫难……"又有人站了出来。

王夫之道："年少时家父讲《春秋》，视'华夷之辨'为首要大义。蝼蚁尚知保护族群不受侵犯，而大明君臣为保一家富贵而使同族相欺，才给蛮夷可乘之机，方有今日之恶果。"

王夫之又道："《易》云：'乾坤毁则无以见易。'不重视华夏文化，即便将蛮夷驱逐，难免还会重蹈覆辙。"

"如今大明疆土得而复失，如此反复，抗清愈加艰难，我等士子该怎么做？"有人接着问道。

王夫之回想起自己这些年来经历的国仇家恨，沉声道："我们决不可受制于野蛮人，那样文明将停滞、倒退，甚至毁灭。我等士子，乃国之栋梁和未来，当以抗清复明为己任。"

众士子听得热血沸腾，齐声高喊："抗清复明！"

正当众人群情激昂时，突然有人前来报信，说山下有清军出没。王夫之赶紧让众人迅速撤离。

等清军爬上山时，草棚内已空无一人。

2

随着影响的扩大，王夫之讲学的地点也经常变化，有时在山林，有时在寺庙，他结识了不少佛门中人，如惟印、万峰和尚、超凡和尚等。王夫之或与他们对弈于林泉，或谈佛论经至深夜，对佛学有了更深的认知。

惟印曾官至湖北沔阳州知州，入清后削发为僧，为长沙千寿寺主僧。王夫之感佩其宁折不屈的气节，与之交往甚密。

一日，王夫之和来访的惟印正在一片枫林中对弈，滞留衡阳多日的万峰和尚走了过来。

众士子听得热血沸腾，齐声喊道："抗清复明！"

他在一旁看了看两边的棋局，见执黑子的惟印迟迟不肯落子，便随口道："当断则断。"

惟印闻言后当即弃子向王夫之认输。万峰和尚不解道："尚未分出胜负，为何先弃子认输？"

惟印只是笑而不答。王夫之道："子已乱，岂有不输之理。"

有一次，王夫之和惟印、万峰和尚谈到相宗时，曾言"一刀斩断末那，不执八识为自内我"。末那，即末那识，相宗认为，人共有"八识"，末那识则为第七识，也称思量识，王夫之称之为志。思量识执着于自我，只有第八识阿赖耶识能贯穿始终，是诸法种子所藏，却常因受到第七识的影响而作茧自缚。

惟印也笑道："而农深谙相宗之玄奥，为何不'一刀斩断末那'？"

王夫之认为，"一刀斩断末那"相当于断了志。在他看来，人若不能坚守自己的志向，不去建功立业，就会失去为人的根本。

王夫之没有直接回答惟印，只是在后来的《相宗络索》里详细阐明了自己的观点。

顺治十二年（永历九年，1655）春，浯、郴、耒等地士子相继邀请王夫之前往讲学，主要讲授经学义理和救亡之道。

王夫之结合自己的人生阅历来讲解经典，对《周易》进行了细致、深入的研究，完成了《周易外传》七卷。在论述中，王夫之首次提出"乾坤并建""天下惟器""器道相须""性情相需""天理原不舍人欲而别为体"等哲学观点。随后他又完成《老子衍》的初稿。这部书稿针对前人对《老子》的曲解而作，其中不乏王夫之自己的哲学思想，彰显出王夫之在学术上求我、求真的精神实质。

王夫之辗转迁回常宁的西庄源后，《黄书》七篇也得以完稿。这是一本政论著作，与同时代的大思想家黄宗羲所著《明夷待访录》齐名。

次年五月二十八日，郑氏生下王敔（yǔ）。在目睹众多亲人离世之后，儿子王敔的降生给王夫之带来莫大的慰藉。

为打探形势，王夫之于这年冬天只身回到衡阳。他得知侄儿王敉在他出逃不久即惨遭清军杀害。王夫之悲痛欲绝，深感有负兄长临终前的嘱托。

顺治十四年（永历十一年，1657）四月，湖南相对安定，王夫之结束颠沛流离的亡命生涯，携妻儿返回衡阳。

湘西续梦

1

顺治十四年（永历十一年，1657）七月，孙可望公开反叛南明，李定国在曲靖迎击叛军。形势再一次急转直下。王夫之听闻广西失陷后管嗣裘逃匿于灵川山中，以苦菜为食。不久，管嗣裘即和刘湘客、朱昌时等人在行吟峒中以死自誓。

王夫之重回续梦庵旧居，他收章旷之子章有谟、管嗣裘之子管永叙为徒。戴日焕、唐端笏（hù）、欧子直、唐克恕、罗瑄（xuān）、蒙之鸿、王灏（hào）等人也常来问学。

这些人当中，属唐端笏年龄最小。王夫之从

朱、陆思想的异同到心学发展过程中的谬误，为其一一剖析。之后，唐端笏一直追随王夫之。

王夫之边授徒，边着手写《家世节录》。稍有空闲，王夫之就去小云山探访刘近鲁。刘近鲁为王敔的岳父，与王夫之同年，崇祯壬午举人。刘近鲁曾求学于王朝聘门下，家有藏书六千余册。刘近鲁的藏书为王夫之的研究和著述提供了极大的帮助。

因弟子众多，王夫之又于顺治十七年（永历十四年，1660）在茱萸塘上构筑草房，名"观生居"。它与不久前在金兰乡高节里修建的"败叶庐"相距不远。

一天，刘近鲁专程来到观生居，请王夫之到石仙岭寻找一部典籍。两人到了石仙岭后遇到一位老者，典籍虽没找到，却无意中得知郭凤跹的下落。

"这里曾经住过一位姓郭的举人。"老者说道。

王夫之问道："那位举人是不是叫郭季林？"

"正是，石仙岭的人都叫他郭举人。"老者道，"我记得他是顺治十年去世的。郭举人刚来的时候还正常，一年后举止就异于常人。他不与任何人打交道，经常又歌又哭，有时狂笑，有时又很痛苦。

郭凤跅死的那天正好有两个外乡人来找他，找到他的时候才发现他躺在茅舍的一堆乱草里，身体已经僵硬……"

郭凤跅的死让王夫之极为自责，他无法想象郭凤跅那天不辞而别之后，到底经历了什么，是什么样的打击才让他变得疯疯癫癫的。王夫之很后悔为什么不早一点去寻找他。王夫之深知郭凤跅的死是由这个时代造成的。王夫之由此想到自己的父亲、叔父、长兄、夏汝弼、管嗣裘、文之勇、邝鹏升、方以智、惟印、王文俨等人。他们年轻时一个个意气风发，却徒有满腹经纶和一腔热血，到头来要么英年早逝，要么东躲西藏，要么遁入空门，要么不知所踪。眼看着一张张熟悉而又鲜活的面孔在自己的眼前消失，王夫之内心的悲痛可想而知。

厄运并没有给王夫之以喘息的机会。顺治十八年（永历十五年，1661）六月二十一日，年仅二十九岁的郑氏病逝。想到郑氏跟着他十一年没过过一天安稳日子，王夫之禁不住心如刀绞，涕泪横流。他作《岳峰悼亡四首》《续哀雨诗四首》，另有《初度口占》诗，以悼亡妻。

康熙元年（1662），南明永历帝被平西王吴三桂在昆明绞杀，李定国、李来亨先后殉国，坚持近十六年之久的南明就此覆亡。自称"亡国之民"的王夫之再续《悲愤诗》一百韵。

南明一亡，蒙正发来到了衡阳，隐居于南乡斗岭。与老友的重聚，让王夫之在艰难时世中得到了些许慰藉。

2

康熙七年（1669），王夫之续弦，娶张氏。家里有了张氏的操持，王夫之没了后顾之忧，一心扑在学术研究和教书育人上。

这天，湖北嘉鱼的李占解来到王夫之栖身的观生居。王夫之正在给诸生讲解《周易》，李占解不忍惊动，见右边书房的门敞开着，就走了进去。

李占解见王夫之的书桌上堆满了文稿，走近一看有未完成的《庄子解》《说文广义》《噩梦》等。授完课的王夫之站在门口喝问道："尔是何人？怎敢私入民宅？"

李占解闻声将词稿放下，转过身来："而农，可还记得李占解？"

王夫之一下愣住了，又惊又喜道："雨苍兄……竟然是你！"

王夫之还以为是清廷派来的暗探，他万万没有想到，来人竟然是曾经跟他同一年中举的李占解。

王夫之赶紧叫唐端笏、章有谟等弟子前来拜见这位老友。

李占解感慨道："一晃就是二十八年……。"

王夫之道："遥想当年与兄等在武昌集会时，何等意气风发。"

"是啊，"李占解道，"你我都老了，这世道也变了。倒是而农的心一直没变。"

王夫之问道："雨苍兄何出此言？"

李占解道："我虽年长而农十九岁，却不及而农万一，刚才读而农的词，一句'杜鹃啼到春后'，令人好心酸。"

王夫之道："如此乱世，雨苍兄还能前来看我，夫复何求？"

两人在书房叙谈，王夫之向李占解打听熊渭

公、李云田、王源曾、晏云章、郑古爱、彭焱、熊开元、吴骥等一众湖北文友的下落。在得知他们有的归隐山林，有的疾病缠身，有的已黯然离世后，王夫之很悲痛。

两人一直聊至深夜，等弟子通报清廷的暗探走后，王夫之才领着李占解，悄悄前往耐园，与长兄王介之相见。

次日一早，李占解前来辞行，王夫之打着雨伞，穿着木屐将他送到江边。李占解开始很是不解，走着走着恍然道："而农这是下不踩清廷之土，上不与清廷共天。"

李占解回到嘉鱼后，寄来一首《孤雁行》。感动之余，王夫之当即写下《孤雁行和李雨苍》：

> 当年回雁峰头住，雁影云开天际路。
> 夫君缥渺雁峰心，遥寄湖南烟雨渡。
> 谁知白雁杳寒沙，断使青峰遮日暮。
> ……
> 清霜白露飞不前，亭亭片月当高天。
> 前身忆住青龙寺，血迹还埋古井边。

遥飞尺帛君边去，沙上鸿踪隔暝烟。

康熙十一年（1672），闻听李占解病重。因自己身体也不好，王夫之派弟子唐端笏去湖北嘉鱼探望。等唐端笏赶到嘉鱼时，李占解已经去世。王夫之在收到唐端笏报丧信函的当日作《得须竹鄂渚信知李雨苍长逝遥望鱼山哭》五首。其四写道：

赤壁雄风百战酣，新安碧血洒江南。
大观绰板先君歇，凄绝吴江老蘗（niè）庵。

3

一天，刚完成《老子衍》定本的王夫之原本心情大好，蒙正发却带来了方以智被捕后疽发身亡的消息。

王夫之哀叹道："长夜悠悠二十年，流萤死焰烛高天。春浮梦里迷归鹤，败叶云中哭杜鹃……"诗中的杜鹃虽指的是方以智，他自己又何尝不是一只啼血的杜鹃。

蒙正发刚走，唐端笏又匆忙赶来。他想回一趟家，特来向王夫之辞行。唐端笏一眼看见王夫之案头《老子衍》的定本，他想将定本借回去研读。王夫之不假思索就答应了。

　　唐端笏回家后，家里发生火灾。唐端笏外出访友未归，《老子衍》的定本被大火吞噬。

　　唐端笏惶恐不已，他深知《老子衍》的定本倾注了王夫之大量的心血，要是知道定本被烧，先生只怕会难以承受。

　　唐端笏迟迟没有将《老子衍》的定本还回来，王夫之也不问，仿佛忘记了有这么一回事。

　　唐端笏有好几次想将《老子衍》的定本被烧的事告诉先生，但每当面对王夫之时，话到嘴边又咽了回来。

　　一天，唐端笏整理好王夫之刚写好的文稿后正准备离去。王夫之抬起头，将另一部文稿递给他。

　　唐端笏接过来一看，立马明白过来，原来书稿被焚的事先生早已知道，不禁羞愧难当："先生，我……"

　　"拿去吧，这是《老子衍》的初稿。"王夫之

"拿去吧，这是《老子衍》的初稿。"王夫之
道，"初稿虽然不如定本，但尚可一阅。"

道，"初稿虽然不如定本，但尚可一阅。"

唐端笏接过文稿，将它紧紧贴在胸前，泪水夺眶而出。

4

康熙帝亲政后，下决心平定三藩之乱，以一纸诏书免去吴三桂节制云贵督抚之权。吴三桂不肯束手就擒，遂起兵反清。康熙十二年（1673）十一月，吴三桂的反清檄文传到衡阳时，刚完成《礼记章句》的王夫之，为之陡然一振。

王夫之离开书斋，奔走于湘乡、长沙、湘阳、湘潭等地。他一方面观察形势的发展，另一方面凭吊抗清忠臣章旷、蔡道宪等人，并以此来激发世人的抗清斗志。

次年八月，蒙正发邀请王夫之到江西萍乡，萍乡的抗清志士打退了清军的进攻。通过一段时间的深入观察，王夫之发现江西和湖南的战事反复无常，形势似乎并没有他想象的那样乐观。

王夫之向蒙正发辞行，蒙正发将他送出很远，才返回军营。

数日后，蒙正发收到王夫之寄来的一首《留别圣功》：

> 远送始知君送客，归人还念未归人。
> 兴亡多事天难定，去住皆愁梦未真。
> 宝剑孤鸣惊背珥，画图遥惜老麒麟。
> 铙（náo）吹落日暄丹嶂，西望湘烟泪眼新。

从诗中可以看出，王夫之对萍乡已不抱希望。

回到衡阳后，王夫之在石船山下又造了三间草房，左边用来住人，正堂用来讲学，右边为书房，取名为"湘西草堂"。

康熙十五年（1676）春，萍乡失守。在谈到战事时，蒙正发道："萍乡之败，而农当早已料到。"王夫之道："此次圣功兄能全身而退，已是大幸。"蒙正发道："蒙某之所以能全身而退，全赖军中一王姓将军将自己的马相让，才得以脱身。"

5

一年后，王辅臣、耿精忠、孔延龄、尚之信等相继降清。日益被孤立的吴三桂决定抛弃复明大旗，筹划在衡阳自己称帝。

得知消息的这天，王夫之悲愤交加，感觉自己的生命已随大明的灭亡而终结。于是在挂于观生居中堂的画像上题道："六经责我开生面，七尺从天乞活埋。"

吴三桂称帝前夕，他的一个幕僚为其物色写劝进表的人。那个幕僚找到了王夫之。王夫之愤然拒绝："我本亡国遗臣，一身晦气，实为不祥。国破以来，靠苟且偷生才活到今天，尔等怎能用如此不祥之人？"

吴三桂的幕僚听出王夫之这番话看似是在贬损他自己，实则是在痛骂吴三桂，无言以对，灰溜溜地走了。王夫之知道恼羞成怒的吴三桂定会派兵前来捉拿他，便稍做收拾，匆忙带着章有谟逃入深山。

这天，章有谟读王夫之作的《袯（fú）禊（xì）

赋》："思芳春兮逍遥，谁与娱兮今朝。意不属兮情不生，予踌躇兮，倚空山而萧清。阒（qù）山中兮无人，蹇（jiǎn）谁将兮望春。"他随口问道："明明是春季已至，先生的这篇《袯禊赋》为何还要'望春'？"

王夫之摸了摸章有谟的头："此春非彼春，等谟儿再大一点就懂了。"

章有谟不服："谟儿已经长大。先生的意思是，诗中的'望春'另有所指？"见王夫之点头，章有谟又道："谟儿明白了，先生所说的春天只在先生的梦里。"

王夫之笑道："我梦里的春天是什么样子的？"

章有谟想了又想，答道："先生梦里的春天……是复兴大明。"

王夫之听了甚感欣慰，他原本略显沉重的步子一下变得轻快了许多。

自署船山

　　吴三桂称帝后，不到五个月就病逝于衡阳。其孙吴世璠（fán）苦苦支撑三年，终被清军所灭。三藩之乱得以平定，社会趋于安稳。王夫之带着章有谟又回到石船山下的湘西草堂。他以船山自署。万峰和尚极为欣赏王夫之的学识，他曾言："不愿成佛，愿见船山。"

　　康熙十九年（1680），湖南大旱，赤地千里。次年春又发生了大饥荒，官府不但不放粮赈灾，还要逼征赋税。饥民们冒着冰雹去山中刨食蕨根，饿死的人不计其数。

　　王夫之用诗记录下当时的状况："雹如弹丸雨如簌，荷锄空望青山哭。"王夫之还有一首诗在当时广为流传，连三岁孩童都会背诵："里长如虎下白屋，油盖倚门高坐笑……苍天苍天不相照……孤雏何当脱群鹝？"

一位里长听到这首诗后暴跳如雷，发誓要严惩写诗之人。当他得知这些诗句出自王夫之之手后，一下就怂了。他知道王夫之不仅是远近闻名的大儒，而且是硬骨头，连清廷都敬他几分，更何况是他这样一个小小的里长。无奈之下，只好将此事上报官府，官府此后便派人对王夫之暗中监视。

一连几天的大雨，王夫之的咳喘又有所加重。王敔见父亲整日待在书房里伏案著书，便劝父亲休息几日。王夫之不听，作《病起连雨》四首，其三有"故国余魂长缥缈，残镫（dēng）绝笔尚峥嵘"两句。

一天晚上，王夫之听到了敲门声。他走过去将门打开，敲门的是自己的侄儿王敞。

王敞从怀里掏出一封信："叔父，我父亲病重，立此遗言，嘱我前来请叔父定夺。"

王夫之颤抖着接过长兄的遗书，不禁老泪纵横。

次年正月，王介之病逝。

耐园内挂有一幅王介之晚年自题的座右铭："到老六经犹末了，及归一点不成灰。"王夫之站在那里，痛不可抑。

王夫之作《石崖先生传略》和《孤鸿赋》，以表达对长兄的深切悼念之情。

王夫之在七十岁时，给长孙王生若写了一篇传家训诫文。王夫之要求王家子孙："勿嫁女受财，或丧子嫁妇，尤不可受一丝。……勿作师巫及鼓吹人。勿立坛祀山獠跳神。能士者士，其次医，次则农工商贾，各惟其力与其时。"

王夫之清楚记得，第一次请刘思肯画像是在长沙。那是康熙十四年（1675）年初，他还寓居于衡阳城北的旃檀林。那天他一路坐船北上洞庭，先到岳阳，然后于二月到达长沙。船泊水陆洲时，一场大雪尚未消融，刘思肯在洲头给他画了一幅小像。

一转眼十余年过去了。王夫之得知刘思肯到了南岳，便让弟子唐端笏请他再为自己画像。这幅画像形神兼备，画中的王夫之虽消瘦苍老，却傲骨凛然。王夫之极为满意，当即在画像上自题

《鹧鸪天》——"龟于朽后随人卜，梦未圆时莫浪猜……"。

在完成《张子正蒙注》九卷后，他对弟子道："为师生平论学，以汉儒为门户，以宋五子为堂奥，而原本渊源，尤在此书。"众弟子发奋苦读。唐端笏当着众人发誓，只求学问，终生不仕。

石船山下，修竹林里，王夫之这艘"石船"虽峃立不动，却用其"以学救世"的思想渡人无数。

拒帛受粟

　　年逾七旬的王夫之不再授徒。王敔继承父亲的衣钵在湘西草堂边上新建了一间房，取名"蕉畦"，用作教学。

　　由于王敔授徒的收入极为有限，王家经常面临揭不开锅的窘迫之境，连王夫之著书时所需的纸笔都要相借于门生或者故人。湖南巡抚郑端得知后，命衡阳知府崔鸣鷟（zhuó）接济王夫之。崔鸣鷟早闻王夫之大名，欣然前往。

　　为彰显官府对这位南明遗臣的重视，崔鸣鷟带着数十人的队伍，一路旌旗招展，鸣锣开道。

　　到了湘西草堂门口，崔鸣鷟和随从恭恭敬敬地站在那里，等王夫之出来。

王夫之听说是知府带人前来，故意在书房里托病不出。

崔鸣鷟不相信王夫之真的病了，派人一连请了好几次，结果派去的人连门都不让进。这让崔鸣鷟有点下不了台，一个人急得在门口搓着手踱来踱去。

眼看时候不早了，崔鸣鷟决定亲自进去面见王夫之。结果也被王夫之的两个弟子拦在门口。

"先生病体未愈，概不见客。"其中一个弟子道。

"本官是衡阳知府。"崔鸣鷟道。

"我家先生说了，知府也不见。"另一个弟子道。

正当崔鸣鷟进也不是，退也不是的时候，王敔走了出来。

王敔道："家父交代，来人将粟米留下即可。"

崔鸣鷟不解，问道："布帛呢？"

王敔道："布帛一概不受。"

崔鸣鷟觉得甚是奇怪："为何拒帛受粟？"

王敔道："家父并未言明。"

崔鸣鷟虽然尴尬，但也只好将粟米留下，布帛则全部带回。

崔鸣鷟在回官衙的途中一直都没想明白，等到了官衙门口，他突然猛拍自己的大腿："这个王夫之……"

唐端笏和众弟子也不理解王夫之为何拒帛受粟。

唐端笏一个人来到王夫之的书房，他想找先生当面问个明白。

王夫之一眼看出唐端笏心里的疑虑，他重重咳嗽了一声，然后缓缓说道："为师托病不见来人，是为了与清廷划清界限，让他们知难而退；为师拒收布帛，是以不慕荣华为由，断绝清廷的招揽；为师接受粮食，是因粮食乃生存之根本，受之，可解燃眉之急；若一概不受，必将彻底触怒清廷，难免招来杀身之祸。若师命不存，为师的家人和弟子又怎能不受株连？"

唐端笏听了恍然大悟。王夫之这样做，既不失风骨气节，又保全了家人和弟子的性命。

崔鸣鷟走后不久，王夫之写了一副对联挂在墙上："清风有意难留我，明月无心自照人。"对联中的"清"指清廷，而"明"则指大明。自始至终，王夫之的信念从未因个人处境的艰难而动摇。

绝笔峥嵘

　　天气越来越冷，石船山上飘着雪。王夫之的身体已日渐衰弱，经常昼夜咳个不停。王夫之在病中审定了《读通鉴论》三十卷和《宋论》十五卷。在整理王夫之的文稿时，王敔和王攽赫然发现其中有几页已血迹斑斑。

　　这是王夫之人生中最难熬的一个寒冬。王夫之卧病在床，预感到自己将不久于人世，执意要在家人的搀扶下从病榻上坐起，然后用颤抖的笔写下绝命诗。随后，又写下《自题墓石》：

　　　　有明遗臣行人王夫之，字而农葬于此。
　　　　其左则继配襄阳郑氏之所祔（fù）也。自为铭

日：抱刘越石之孤忠，而命无从致；希张横渠
之正学，而力不能企。幸全归于兹丘，固衔恤
以永世。

写完后，王夫之特意叮嘱家人："墓石可不作……
止此不可增损一字……背此者自昧其心。"

康熙三十一年正月初二日（1692年2月18日）
午时，气若游丝的王夫之示意家人将他抬到湘西草
堂的门口。

新年刚过，室外的温度虽然很低，王夫之躺在
长椅上，身上裹着一床破旧的棉絮。王夫之消瘦、
苍白而又饱经风霜的脸，此刻显得格外坦然、平静。
他微微地张开双眼，看了看湘西草堂，看了看眼前的
世界。

王夫之的眼皮慢慢变得沉重，他的呼吸也变得
急促起来。他该走了，这个已不值得他留恋的世界
已耗尽了他所有的心血，终于到了离开的时候。王
夫之最后看了看守在他身边的亲人，他们的脸和身
形正变得模糊，就连呼喊他的声音也是模糊的……

一代大儒，溘然长逝于湘西草堂，享年七十四

岁。

遵照王夫之生前的遗命，家人将其葬于衡阳金兰乡高节里大罗山，与夫人郑氏葬在一起。墓碑镌刻着王夫之亲笔写的《自题墓石》。

王夫之，这只啼血的杜鹃不只属于明末清初，其思想的袅袅余音从未中断，成为历史中永恒的存在。

王夫之
生平简表

●◎明神宗万历四十七年（1619）

_____

九月初一（10月7日）子时，生于衡阳府城南回雁峰。

●◎明熹宗天启五年（1625）

_____

跟随长兄王介之完成十三经的学习。

●◎明思宗崇祯五年（1632）

_____

考中秀才。湖广提学佥事王志坚欣赏王夫之的才华，荐其入
衡阳州学。

● ◎ 崇祯十一年（1638）

就读长沙岳麓书院，加入"行社"。

● ◎ 崇祯十二年（1639）

与长兄王介之、仲兄王参之再赴乡试，只有长兄王介之中副榜。王夫之在武昌结识熊渭公、李云田等人。十月，与好友郭凤跹、管嗣裘、文之勇共同创建"匡社"。

● ◎ 崇祯十五年（1642）

与两位兄长赴武昌乡试，王夫之以《春秋》第一，中湖广乡试第五名。结识考官章旷、蔡道宪。

● ◎ 清世祖顺治五年（1648）

与夏汝弼、管嗣裘、性翰在南岳方广寺发动武装起义，后战败。冬，至肇庆投奔永历帝。

●◎顺治十一年（1654）

遭清廷通缉，被迫离开耶姜山，自称瑶人，流亡常宁，为常宁文士讲授《周易》《春秋》。

●◎顺治十二年（1655）

流亡至兴宁，住荒山僧寺讲授《春秋》。八月，完成《老子衍》。

●◎清圣祖康熙三年（1665）

重订《读四书大全说》。

●◎康熙六年（1668）

七月，修成《春秋家说》三卷、《春秋世论》五卷。

●◎康熙十七年（1678）

三月，吴三桂称帝，求王夫之写劝进表，被王夫之拒绝。作《祓禊赋》以明志。

●◎康熙二十年（1681）

完成《庄子解》三十三卷、《相宗络索》一卷、《广哀诗》十九首。

●◎康熙二十四年（1685）

春，完成《张子正蒙注》九卷。八月，完成《楚辞通释》十四卷。为学生们撰《周易内传》六卷、《周易内传发例》一卷。

●◎康熙二十八年（1689）

病中著《识小录》一卷。四月，重订《尚书引义》。九月，刘思肯再为王夫之画像。写《自题墓石》，并嘱家人不改一字。

●◎康熙三十一年（1692）

正月初二午时，卒于湘西草堂。十月，葬衡阳金兰乡高节里大罗山。